田建群⊙编著

曹锟

细说北洋

全书以细致的历史人物传记和史评笔法，叙说了从清末到民国初年北洋军阀从发生发展到执掌政权和最终结束这一段时间的历史。全书征引了大量难以见到的史料，并附有大量的历史照片，也有许多当代有关民国史的最新研究成果和作者的独到见解，加之以作者娓娓道来的叙述，使得全书具有相当高的可读性。

作者在本书创作中，注意到了趣味性、严肃性、通俗性的结合，着力于吸引读者，既有正史的叙述，又有杂官稗史的考证，妙趣横生，其味无穷。适合各年龄段愿意了解这一段历史和人物的读者阅读。

内蒙古人民出版社

图书在版编目(CIP)数据

曹锟/田建群编著. 一呼和浩特:内蒙古人民出版社,2008.1

(细说北洋)

ISBN 978-7-204-08321-3

Ⅰ. 曹… Ⅱ. 田… Ⅲ. 曹锟(1862~1938)一传记 Ⅳ. K827=6

中国版本图书馆 CIP 数据核字(2008)第 008832 号

细说北洋——曹锟

编　　著　田建群
责任编辑　张　钧
封面设计　揽胜视觉工作室
出版发行　内蒙古人民出版社
地　　址　呼和浩特市新城区新华大街祥泰大厦
印　　刷　呼市欣欣彩虹印刷包装有限责任公司
开　　本　720×1000　1/16
印　　张　12.25
字　　数　205 千
版　　次　2009 年 8 月第 1 版
印　　次　2009 年 8 月第 1 次印刷
书　　号　ISBN 978-7-204-08321-3/I·2140
定　　价　22.00 元

如出现印装质量问题,请与我社联系。联系电话:(0471)4971562　4971659

曹锟是北洋军阀的重要代表人物，他鸦片战争22年后(同治元年十二月十二日)出生于一个穷苦渔民家庭。虽然出身贫寒，但是他却有幸读了4年私塾。1882年，年仅21岁的曹锟应募在清廷淮军中当了一名副兵，他生性憨直，不怕吃苦，顺从长官，这使他获得了进入军校学习的宝贵机遇。1885年至1890年他又在天津武备学堂学习，这为他步入军官行列拿到了通行证，并且为他称霸一方储备了必要的知识与技能。在这一方面，他又是幸运的，因为不是所有的士兵都能入军校学习，不是所有的士兵都能当上军官。毕业后他到毅军中当上了哨官。1895年，曹锟凭借武备学堂的学历和哨官的资历到天津小站投奔袁世凯，逐渐成为袁世凯的一名得力干将，在袁世凯的麾下他不断发展自己的势力。1916年6月袁世凯死后，北京政权进入了皖系段祺瑞统治时期，曹锟手中握有重兵并有大量地盘，因此在军阀中左右逢源，在段祺瑞与黎元洪的府院之争中他基本保持中立，在张勋复辟案中，他先拥护复辟，继而顺应形势讨伐张勋复辟。在直皖争斗的初期，他完全采取两面派手法，到冯国璋死后他就成为直系的新首领。1920年曹锟在直皖战争中的胜利，开启了他问鼎中央政权的序幕。1922年第一次直奉战争的胜利为曹锟染指中央政权铺平了道路。虽然曹锟通过贿选当上了民国的总统，但其合法性却遭到了各界普遍质疑。同时直系内部矛盾重重，到第二次直奉战争时，各种矛盾终于爆发，曹锟随着战争的失败而垮台。

目　录

第一章　浪荡少年

曹锟字仲珊，天津大沽口人。同治元年（1862年）十二月十二日，曹锟出生在渤海边的一间土坯房子里。父亲曹本生，以排船（修造船只）、打鱼为业。他生有子女七人，五男二女，曹锟排行老三。大哥曹镇、大姐曹大姑、四弟曹锐、五弟曹钧、六妹曹二姑、七弟曹锳。曹本生为人要强，有一身好手艺，虽然家境贫寒，但勒紧腰带，也要让孩子们读书识字。幼年的曹锟刚五岁，他爹就把他送进了私塾，故能粗通经史，毛笔字写得更是颇有功夫，但终因家境贫寒，曹锟只读了四年，未能继续就读下去。在此期间，曹锟看到善良的父母经常受到渔霸和恶棍的欺凌，便产生了有朝一日为父母申冤报屈的想法，再加上自己膀大腰宽、体格强健，于是，他一面读圣贤之书，一面学习武术，练拳脚，舞棍棒，打下了一定的武术功底。虽不能说是“文武双全”，但也不是大字不识的鲁莽汉子和手无缚鸡之力的文弱书生，这为他以后发迹提供了有利条件。

清末天津妇女

十六七岁的少年正是最容易学坏的年龄，曹锟辍学后，终日游手好闲，渐染恶习，打老早就跟天津葛沽一带的地痞流氓头目刘得胜拜了把子，明来暗往，勾打连环，整天跟着一伙不三不四的坏小子们溜溜逛逛，浪打游魂。开始的时候他的胆子还小，不过就是踹踹寡妇门，欺负欺负老实人。慢慢地，他的胆子越来越大了，黑灯影儿里坑蒙拐骗，光天化日之下抢钱劫道儿，经常聚众

斗殴，寻衅滋事，天底下再没有他不敢干的坏事。有一天，曹锟让一位算卦先生为他占一卦，算卦先生见他体态粗壮，不敢得罪，只得讨好他说：少爷天庭饱满，地阁方圆，满面福相，将来一定能当上县太爷。算卦先生满以为一番恭维定能讨得曹锟高兴，会多给些银两。不料，曹锟自知天资平庸，认为这是在有意嘲弄自己，顿时大怒，扬手就给了算卦先生几巴掌。算卦先生无不夸口自己的卦灵验，但这位先生却未能算出自己要挨打。不过，曹锟不由分说就举手动武，打得人家鼻青脸肿，其蛮横无理也是暴露无遗了。

别看流氓的名声不好，可也是吃喝不愁，乐事不断，曹锟的日子过得倒也痛快。

但是他父亲曹本生见他如此下去终不是办法，就把他叫到跟前，说："老三哪，像你这样放着书不念，念了书也当不了饭吃的人，往后就跟着我学排船吧！"

"不！"曹锟摇摇头。

"要不，你就在家门口种上几亩地？"

"不！"曹锟又摇摇头。

"再不，你就到海上去打鱼？"

"不！"曹锟还是一个劲儿地摇头。

"你也是老大不小了，总不能指望靠着爹妈过一辈子吧？你说，到底打算干点嘛？"

曹锟想了想，说："我惦着跑买卖，也好出去闯荡闯荡！"

"那，你打算干哪行呢？"

"卖布！"曹锟说得那么有根，好像钱一下子就能挣到手。

"好，就依你。这本钱么，我掏。可有一节，要是混不出一个人样儿来，你就甭打算回来见我！"

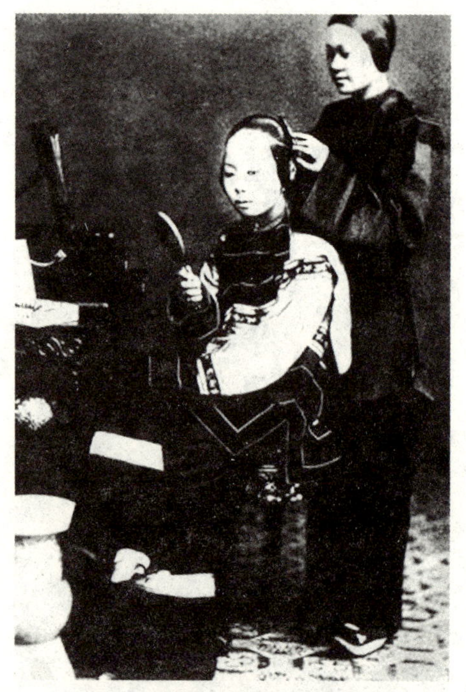

清末妇女

当下，他爹就给他备足了本钱，让他去做贩卖布匹的生意。1878 年，虚岁 17 岁的曹锟开始了他贩布的生涯。贩布，尤其是在天津一带贩布，总比造木船和做农活要少些辛苦、多些收入。因为天津的商业本来就比较发达，特别是天津开埠通商，洋货大量涌入，原有的家庭手工业纷纷破产，从而使商业市场不断扩大，贩卖布匹谋生总要比从事其他行业较容易些，所以，曹锟也就乐于此道了。

19世纪末城市的挑水人

然而，贩布经商也并非轻而易举，曹锟贩布伊始，因家境困难，拿不出更多本钱，也无力购买手推车，只能隔三差五地到天津的大小布庄贩来少量布匹，肩扛手提，走街串巷，四处叫卖，获利甚微。等到稍有积蓄，曹锟才购置了一辆独轮车，免去了肩挑手扛之苦。曹锟以车贩布，往返于天津、塘沽之间，不过，徒步推车也并非易事，总要付出一定辛劳的。

清末女人

清末重庆同仁堂药店

20 世纪初塘沽码头装置的起重机

此时的曹锟，被人送了一个不太好听的绰号："曹三傻子。"因为人们见他生性"愚钝"，似乎少了几个心眼儿，卖起布来，不大计较价钱，要价50文的布，给他30文就能成交；对于欠账，也从不催要。欠账的人说："我欠的布钱，过些时候再给你吧。"他便满口答应："没有多大关系，反正我批布也是欠着的。"可是，曹锟凭着这种"傻"样，竟把生意做得甚是红火：中国终究是礼仪之邦，持有"见老实人不欺负有"观念者，终属个别，所以，绝大多数欠账者还是把钱还给了他；而卖布不计较价钱，也并非赔本出售，只是赚头小些而已，于是，应了"和气生财"这句话。大家都愿买他的布，主顾反倒一天天多起来，他的小生意也就做得有滋有味了。

曹锟贩布，尽管生意不错，但毕竟是小打小闹，本少利薄，一时也发不了大财。可是，曹锟却不善节俭，而是喜欢吃喝，因其自幼性情豪爽，极喜交友，注重江湖义气，每到一地，总是邀上几个朋友吃喝一番。慢慢地，他到乡下越来越少，可上天津却是越跑越勤。只要是一到天津，有名的饭庄、戏园他常去，赌局、烟馆也常沾，就差逛窑子了。这样，推车贩布赚取的蝇头小利，随挣随花，也就所剩无几了。转眼工夫，他已经虚岁二十了。

曹锟好酒好肉，尤好女色。他酒量不大，却很贪杯，且每饮必醉，每醉必疯疯癫癫，色胆包天。路遇村姑少妇，便追逐调戏，胡言乱语，吓得女人又叫又逃，惊动四邻八家，或打或骂，把他赶走。终于有一天曹锟闯下了大祸。这天，他蹭了一顿酒饭，大概是酒菜比较好，因此多喝了几杯，醉酒后在大街上徘徊，忽见一窈窕淑女飘然而至，他老毛病又犯了，踉跄着上前搭讪调戏。那女人挣脱纠缠，疾步跑回家中。曹锟跟着进入房间，忽然大门洞开，呼啦啦拥出几个壮汉，扯住曹三一顿痛打。曹锟连连叩头告饶，交出身上财物方告无事。

曹锟憋了一口闷气，每欲寻机报复。一天傍晚，曹锟遇到此女，竟上前紧紧抱住又啃又咬，肆意侮辱。事后，女家男性数人，手持棍棒悉数出动，大街小巷四处寻觅曹三踪迹，声言非把他宰了不可。曹锟心惊胆战，自知在天津再无立锥之地，干脆，三十六计走为上，他于是决定投军以避灾祸。

第二章　弃商从戎

淮军是晚清时期以李鸿章为首的封建军阀武装，于1862年初编练而成，成为清政府镇压太平军和捻军等农民起义军的主要力量之一。1882年，当时淮军在天津主持招兵的叫郑谦，是李鸿章的得力干将。郑谦以严肃的神态审视着每一位应征青年，招兵按曾国藩练湘军时的规矩，不招城里人，只要那些乡下土得掉渣的农民。按说，曹锟这种城镇的无业游民，是招兵特别忌讳的，可是曹锟的傻劲救了他。从外表上看，年龄21岁的曹锟体格魁梧，憨头憨脑，人高马大，动作麻利，一看就是当兵的材料。郑谦让他报上履历，他马上抄起笔来，在登记簿上写道：曹锟，宁河县大沽人……然后具列了祖宗三代。他能写字！郑谦喜出望外，立即同意他应征入伍，在淮军中当一名副兵。

大清炮兵

清军营地

曹锟入伍从军，一方面是生活所迫：不想当木匠，不愿做农民，贩布经商赔了本，终日流浪无以为食，当兵，就成了他唯一也是最佳的选择。另一方面，吃粮当兵，对他也有较大的诱惑力。在那个年代，虽然人们心目中有“好铁不打钉，好男不当兵”的世俗观念，当兵者受到轻视，但与做工或务农相比，有比较稳定的经济收入，总是有比较多的发展机遇，因而仍有许多青年走上从军之路。曹锟同样在盘算着：当兵有饭吃，有钱花，说不定将来还会闯出个名堂来。

清军士兵

曹锟入淮军当兵，便编入郑谦部下。郑谦见他身材魁梧，粗通文墨，字写得好，又“憨厚”恭顺，便看中了他，将他收做义子。曹锟受到主官器重，心中自然高兴，也就乐于认郑谦为义父。从此，曹锟经常去郑家干活，每逢节日必献上礼品，孝

敬义父，讨得郑谦欢心。在军营中，曹锟更是不怕吃苦，以忠厚持重闻名，人缘亦颇佳，于是，曹锟入伍的第三年头上，郑谦就决定将自己的独生女儿许配给他。后来，郑氏就成了曹锟的正室夫人。

抬着火铳的清兵

1885年，直隶总督兼北洋大臣李鸿章在天津创办了中国最早的一所陆军军事学校——“天津武备学堂”，学生由淮军各营选派，经过考试，择优录取。同时，也由淮军士兵中选送少数优秀者，直接入校。这样，既可使他们有机会深造，又可激励士兵们奋发进取，为长官效命。学堂教育方面，在军事上教授西洋枪炮、行军布阵、攻守之法及外国操典；在思想上仍然灌输尊孔忠君等封建道德观念，禁止一切进步思想。

满族骑兵

天津武备学堂的创办和招生，对淮军广大士兵产生了巨大的吸引力，他们都清楚，一个士兵直到战死或被淘汰，可能还是一个大头兵，从士兵跨入军官的大门是十分艰难的，而进入武备学堂无疑是给升入军官行列打了保票，因为一出校门自然就是一名军官。他们还都清楚，一旦成为军官，不但可以改变自己的卑微地位，更重要的是，能为以后的升迁、个人的前程、全家的荣华和子孙的富贵打开一条通路。进入武备学堂，对每个士兵来说都是垂涎欲滴，无奈僧多粥少，首届招生仅仅百人，而直接选送入学者更是寥若晨星，究竟能落在谁的头上，那就要看与长官的关系如何了。自古以来，中国虽有“任人唯贤”、“不拘一格降人才”之说，也有这方面的事例，但那只是一种主张和憧憬，真正能实行

京城的武卫军

者却是寥寥无几。在官场上，在军旅中，对大多数人来说，用来维系上下关系的，不是什么“贤”和“能”，而是血缘、裙带、地域等等，互相拴扯起来，“任人唯亲”是司空见惯的了。曹锟是郑谦的义子，又是将来的乘龙快婿，焉有不选之理？因此，1885 年，在郑谦的保荐下，曹锟顺顺当当地进了天津武备学堂，成了这所学校的首届学员。

在武备学堂期间，曹锟因为当兵三年，又自幼好习拳棒，他跟刘得胜练过几年武，有武术基础，在军事训练和枪弹操作方面，得心应手，成绩优秀，深受教官赏识；对于新式的军事理论和术语概念他虽然知之甚少，有的甚至一无所知，但他能刻苦钻研，发奋进取，后来的成绩也不在他人之下。1890 年，曹锟结束了长达五年之久的学校生活，成为天津武备学堂第一届毕业生中的佼佼者。和曹锟一同毕业的学生还有：段祺瑞、冯国璋、王士珍、段芝贵、王占元等人。其中的王士珍、段祺瑞、冯国璋三人后来被称为“北洋三

杰”。

天津武备学堂为清政府训练新式陆军培养了不少人才，也为北洋军阀培植出一批首领和干将。对于曹锟个人来说，这所学校是他步入军政旅途的起点。曹锟毕业后到淮军提督宋庆的毅军中当上了哨官，尽管还是很低的官职，但毕竟是官而不是兵。从此，曹锟由一名普通士兵跨入了军官的行列，这是关键性的一步。

第三章　攀结袁世凯

1894 年夏，日本发动了侵略朝鲜和中国的战争，清政府被迫应战，曹锟也随提督宋庆赴朝鲜参战。曹锟亲身经历了战争的惨烈，死里逃生。战争中，李鸿章经营多年的淮军及北洋海军先后被日军击败，清政府腐败不堪，无力再战，被迫签订了丧权辱国的《马关条约》。

1906 年明信片，新军军营

甲午中日战争的失败以及《马关条约》的签订，不论是对近代中国社会，还是对曹锟一类人物的军政生涯，都直接或间接地产生了巨大影响。《马关条约》的签订，使中国的领土、主权进一步丧失，随之，中国半殖民地化程度日益加深，中国面临着空前严重的民族危机。从统治者方面来看，甲午战败恰如一种清凉剂，使他们从妄自尊大中清醒过来，因为他们发现：自己这个天朝大国不但打不过西方列强，而且还会输在新兴的小国日本手下，再不想想办法，大清的江山就难保了。从民众方面来看，从甲午战败中看到了清政

府的腐败无能和旧式军队的不堪一击，除有少数先进分子酝酿政治革新外，更多的人则强烈呼吁整顿军队以应对时局。面对外来的亡国威胁和国内的强烈要求，为了延续自己的统治地位，清政府不得不考虑改革军事制度和建立新型陆军了。

新型陆军的建立，为北洋军阀的形成铺设了一块奠基石，同时，也为曹锟投入北洋系统和日后飞黄腾达提供了有利契机。

1894 年冬，甲午战争的硝烟未散，清政府即组建了督办军务处，作为专门督办军务的机构，并命令张之洞在南方督练“自强军”（即南洋军），命令广西按察使胡燏芬招募新兵 5000 人，在天津以南的马厂编练成“定武军”10 营。这是清政府采用西法训练新军的开端。后来因为效果不佳，督办军务处决定由袁世凯接替胡燏芬编练“定武军”。

袁世凯，字慰廷，河南项城人，1881 年投靠淮军统领吴长庆，任帮办文案。1882 年随吴去朝鲜，在前敌营务处任职。1883 年经李鸿章保荐任驻朝鲜总理交涉通商大臣。1895 年 12 月 21 日清政府颁布“上谕”，派袁世凯督练新建陆军。袁世凯走马上任之后，将“定武军”由马厂迁到小站，并正式更名为“新建陆军”。

北京哈达门（崇文门）街市

袁世凯在小站成立了“新建陆军督练处”，派人分赴淮、徐、鲁、豫、奉等地招募壮丁，购买军马，很快就将兵员招足 7250 人。“新建陆军”设有步、炮、工、骑四个兵种，以步兵为主。新军在训练和装备方面效仿西洋军队，新式的军队和优厚的待遇，吸引了许多人前来投奔，曹锟早在朝鲜战败之后就投入了定武军，这时依例转入袁世凯的麾下。

投奔小站后，曹锟依然拿出以前的“傻”劲儿，如鱼得水。“傻子”厚道，肯出力，不偷奸耍滑，处处吃苦不叫苦，事事忍让不计较，而且认死理，对长官绝对服从，吩咐干啥就干啥，从来不讲价钱。脸皮厚也在这个新场所变成了优点——长官和同僚怎么拿他开心，甚至无端地羞辱，他都坦然接受，连一点不高兴都看不出来。在那个时代，中国军队的带兵官，大概都喜欢这种性格的士兵，于是，曹三傻子很快得到了长官的赏识，时间久了，曹锟的为人在人们的心目中便成了品德高尚的模范。曹锟一切按长官的意志行事，更博得官长的欢心。

清军的升旗仪式

小站练兵时的下级军官

但实际上，曹锟绝不是那号死眉塌眼的人。他不光是脑袋瓜儿活泛，还

在闯荡江湖的这几年里学会了一手儿剜门子、走路子、投机取巧的绝活。当时，天津城北门里住着个一跺脚整个天津城都跟着乱晃的“曹大帅”。曹大帅本名曹荩臣，天津城北宜兴埠人，原先在朝廷里当过水师提督、陆军提督。甭看他早就卸了任，就凭他曾跟袁世凯的爷爷袁甲三拜过把子，城里城外的人们谁敢小看他一眼？曹锟探知曹大帅与袁家有世交，两家一直过从甚密。而曹锟眼下正打算走袁世凯的路子升官，这不正是用得着的人么？

曹锟先是四下里打听曹大帅的家世底细，然后提上一份厚礼就去找曹大帅认同宗本家。他跟曹大帅编笆造模儿地说了一堆自个儿的家谱，曹大帅先是不信，可等到他把自个儿的家谱拿出来一对，嘿，还真是丝毫不差！曹大帅是个既爽快又义气的人，当下就认下了曹锟这个同宗侄孙。

曹大帅的眼力果真不错。他这半路上认来的“侄孙”真比他从小抱大的儿子还强上百倍。曹锟三天两头地上门来“孝顺”，从来不空手，三节两寿的贺拜更是风雨无阻。该做的事从来不用旁人支使，该说的话更是保管妥妥帖帖。曹大帅挺看重曹锟，打算给他“运动运动”。大帅的夫人也别提多稀罕曹锟，还没等大帅说话，她早把“运动”的话给袁世凯的太太递了过去。袁世凯的太太受了曹大帅太太的重托的同时，也收下了曹锟送来的重礼，就一股劲地吹起了枕边风。袁世凯挺开明，当下就跟太太说：“举贤不避亲。你保荐谁都行，可有一样儿，你得先把他叫来给我看看。”

直隶总督衙门

曹锟来了。袁世凯一见，嗐！说是谁呢？原来是营里的“曹三傻子”。袁世凯本来对曹锟印象就挺好，知道他说话办事极有分寸，这次仔细观察，又发现他长得“虎形”面有福相，心想：太太保荐的这人还真行。袁世凯自然对曹锟也就更加信任了。有了这样一层关系，曹锟认准了门径，一下子找到了靠山，紧紧抱住袁世凯的大粗腿不放，很快就成了袁世凯的得力干将，成为“北洋三杰”之外的第四号人物，这就为他后来的高官任做、骏马任骑，铺展了一条平平的道儿。

袁世凯欣赏曹锟，对曹锟也就毫不见外，遇事便不客气地大骂一顿。在当时的军政圈子里，上司骂了谁，谁便洋洋得意，认为上司对自己不见外，把自己看做自家人，是上司对自己亲近的一种表示；反之，上司对谁客客气气，谁便心中忐忑不安，认为上司对自己有意疏远。抱着这种心理，曹锟自然乐于挨骂，而且骂得越凶越好。不但如此，曹锟还摸透了袁世凯的一种心态，即被骂者一声不吭，表示畏惧、顺从，他就越发高兴。为此，曹锟每逢被袁世凯责骂时，都呈现出诚惶诚恐和胆战心惊的样子，有意讨袁世凯的喜欢。因为受到袁世凯的赏识，曹锟攀升甚快，历任帮带、右翼步兵一营管带（少校营长），袁世凯亲兵管带、北洋新军第一混成协统领（少将旅长）、统制、总兵等。

第四章 北洋起家

袁世凯在小站练兵，打下了他日后夺取军政大权的班底。同时，由于他练兵有术，成绩显著，日益受到清廷器重。1897 年 7 月，清廷将袁世凯提升为直隶按察使，仍专管练兵事宜。1898 年，袁世凯在戊戌变法运动中，最终倒向了以西太后为代表的顽固势力一边。袁世凯的新建陆军被改为武卫右军，驻小站。1899 年，反帝的义和团运动席卷整个山东，引起帝国主义的恐惧和仇视，多次胁迫清政府迅速采取有力措施扑灭义和团的反帝烈火；要求清政府撤换镇压不力的山东巡抚，让在天津小站练兵的袁世凯去山东，以全副洋式装备的新建陆军去镇压义和团，保护帝国主义在山东的权益。1899 年，清政府改派袁世凯署理山东巡抚，镇压义和团。

1899 年 12 月下旬，袁世凯到山东上任，曹锟也随袁世凯率部到达山东，驻扎曹州一带，并出任曹州镇守使。曹锟按照袁世凯的意志，服从命令，卖力进剿，所部每到一地即大肆杀戮，曹州一带的树上都挂满了人头，其残酷、

明信片，新军正在训练

街边小吃摊贩 1907 年 1 月 3 日长辛店寄比利时 OUAREGNON 的明信片

天 坛

凶狠可见一斑。在中外反动势力的联合镇压下，义和团运动失败了。清政府也因为军事上的失败而签订了丧权辱国的《辛丑条约》，从此，清王朝变成了“洋人的朝廷”，中国完全沦为了半殖民地。

1901年11月7日，李鸿章因病身亡，他在去世前一天口授的临终遗折中，提议自己死后，直隶总督一缺，可由袁世凯继任，因为“环顾宇内人材，无出有袁世凯之右者”。李鸿章去世后的当天，慈禧就下令袁世凯署理直隶总督兼北洋大臣，并赏加太子少保衔，因此又被称为“袁宫保”。1902年6月，袁世凯被正式任命为直隶总督兼北洋大臣。

1901年11月12日，袁世凯离开济南北上，奉旨接任直隶总督兼北洋大臣，在保定设立直隶总督署。他所率领的武卫右军也由山东开到直隶，随后改编为北洋常备军。曹锟被委任为步兵第十一营管带，逐渐成为袁世凯的得力干将。

1904年日俄战争爆发时，袁世凯以边防吃紧为由，建议在全国成立新军三十六镇，先在北洋成立六镇。清政府同意了袁世凯的建议后，袁世凯即积极编练北洋常备军，到了1905年，已先后成立了六个镇，并将北洋常备军改为北洋陆军。镇，相当于后来的师，镇的主官称统制，相当于后来的师长。北洋陆军六镇中，除第一镇的统制外，全是袁世凯的心腹。其中，第三镇是袁世凯起家的老本，统制（师长）先后曾由冯国璋、段祺瑞、段芝贵等担任，各级将领都是他的长期追随者，训练、装备及给养待遇也最好。

俗话说“树大招风”，袁世凯手握重兵，权势日增，引起一部分满族亲贵的疑忌，有人说他的坏话，有人对他进行参劾，有人公开向他发动进攻。袁世凯采取“能屈能伸”的手段，上奏清政府请求免去直隶总督、北洋大臣以外的所有兼职，交出了四个镇的兵权，他的基本队伍北洋军第三镇的统制也换成满人凤山。但北洋陆军的各级将领大多是他的追随者，北洋军的实权仍在他的掌控之中。1907年4月，袁世凯推荐徐世昌为东三省总督，兼管东三省将军事务。第三镇随徐世昌到东北驻防。第三镇调往东北时，凤山不愿意离开京城，于是，刚40岁出头的曹锟便当上了北洋陆军第三镇的统制。曹锟自投奔袁世凯以来，不仅通过“曹大帅”拉近了与袁的关系，而且处处表现出对袁的顺从与忠实，在袁世凯看来，他是一个忠厚老实、易于驾驭的下属，由他来率领自己的看家老本，可以说是万无一失，一百个放心。

1908年11月，光绪皇帝和慈禧太后相继去世，醇亲王载沣之子溥仪即位，是为宣统皇帝。摄政王载沣以袁世凯患足疾为由罢黜袁世凯。袁世凯丢掉官职，成为一介平民，回到河南老家，这对曹锟等北洋将领来说，显然是一个从未有过的重大打击。但是，曹锟心里也清楚，袁世凯虽然罢官，但北洋军的班底依旧，许多人与袁世凯依然保持联系，依然听命于袁，因此，只要自己把第三镇带好，保全袁的看家本钱，有朝一日定能再起，少不了自己的好处。为此，曹锟在东北谨慎小心。曹锟对属下官兵尚能体恤，他率第三镇官兵驻守长春时，东北严寒，官兵极不适应，曹即命军需处为每名官兵缝制皮毛耳套，此举颇得人心，郡王载洵去东北巡视时还特别传令嘉奖他。

在东北期间，曹锟不仅继续统领第三镇，而且多次受到清政府的嘉奖和晋升。1911 年 4 月，被授以副都统衔；7 月，又升为总兵，以提督候用。

正当曹锟在东北保全第三镇，袁世凯在河南窥测时局之际，辛亥革命爆发了。清政府为了镇压革命，不得不依靠北洋军，从而为袁世凯东山再起并掌握更大权柄提供了机遇，曹锟也就有可能继续为袁效命了，这也为他的飞黄腾达提供了契机。

第五章　镇压辛亥革命

辛亥革命爆发后，清政府迫于压力不得不重新启用袁世凯。清政府任命袁世凯为内阁总理大臣，并令其入京组织内阁，原开赴湖北各军及长江水师仍归其节制。清政府为了对付革命，几乎把所有的权力都交给了袁世凯。袁世凯接任以后疯狂地对革命军进行反扑。

此时，北洋军第六镇统制吴禄贞与山西革命军联合反清，但被袁世凯收买吴的部下将其刺杀。北方的革命烈火并没有因为吴禄贞被杀而被熄灭，山西的革命军对袁世凯来说仍然是一大威胁。11 月 15 日，袁世凯命令曹锟率领第三镇去镇压山西革命军。在进攻山西革命军的过程中发生了炮兵刘标统哗变事件，在这一事件中，吴佩孚因为镇压有功，得到曹锟的赏识，成为曹的心腹。曹锟处理了哗变事件后，曹母去世，曹锟急忙回家治丧，第五协统领卢永祥代理其职务，率部继续攻打山西革命军。谁知，阎锡山的部队素质、装备都极差，指挥也不得力，第三镇炮队以德国克虏伯大炮两次齐射，共

兵变后的北京东安市场一带

费 30 发炮弹，便打赢了娘子关雪花山一役，阎锡山随即跑到内蒙古包头去了。此役结束时，曹锟曾来巡视一次，住在井陉县小学堂，卢永祥等人来见统制。当时队官牛起顺手执大砍刀押着两个人从外边进来，大唱一声："跪下！"那两个人就跪下了。牛起顺接着说："跟大人回，我拿住两个革命党。"曹锟看着这两个人，即由小坐箱上跳下来，骂了一声："你这样的哪配革命呢？"一人打了一个嘴巴。牛起顺请示曹锟："跟大人回，我把他们宰了吧！"

被乱兵烧毁的王府井

在东华门大街上的北洋军

曹锟立即说:“不用,不用,交给号房,我还有用处呢!”牛起顺答应一声就走了。当夜,曹锟对跪在地上的那两个人说:“你们二人出门往西北去,慢慢钻山就回去了。千万别向南走,南边尽是我第六协的人。若是别人逮着你们两个,你们可就不易活了。回家好好的罢,可别干这个了,你们快去吧!”二人千恩万谢,叩了几个头,站起身就趁夜色逃走了。

被抓获的乱兵等待砍头,袁世凯阴谋中的牺牲者。

北洋军队在清理废墟

第三镇凭借炮火和兵力的优势攻下了娘子关。山西革命军方面受到重大损失，暂时处于劣势。这样，由于曹锟的进攻，已解除了山西革命军对北京的威胁，为袁世凯稳定北方局势出了大力。

北京王府井附近，变兵抢掠过后的店铺

北京，参与救助的红十字会医生

然而，辛亥革命的洪流势不可挡，从全国范围看，革命军胜利和清王朝的倒台已不可避免。为了夺取辛亥革命的成果，袁世凯采取了两面策略：一方面利用北洋军威胁革命军，逼迫和诱使革命军方面向他妥协，并乘机与革命军方面进行了议和活动；另一方面，又利用革命军威胁清廷，使之完全听从自己的摆布。在袁世凯的两面策略之下，曹锟的第三镇也停止了对山西的进攻，并同山西革命军商谈"和平"，商定双方以晋南黄河为界，各守防地，互不侵犯。

天津，乱兵押运抢掠的财物。

天津，劫夺火车准备开往东三省的乱军。

山西的局势刚刚稳定下来，王金铭、施从云、冯玉祥等人领导的滦州起义爆发，袁世凯得知滦州即将有变，即急调曹锟第三镇一部赶赴滦州防堵。1911 年 1 月 8 日，曹锟所部向起义军大举进攻，王金铭、施从云遭到杀害，冯玉祥被拘捕，滦州起义以失败而告终。曹锟为袁世凯稳定北方局势立下了汗马功劳。

袁世凯虽然在镇压辛亥革命的过程中取得了暂时的优势，但是革命形势的发展难以阻挡，袁世凯乘机与革命军和谈并逼迫清帝退位。袁也因此攫取了民国总统的大权。本来革命党人想让袁世凯南下南京就任大总统，以此限制其权势，但是袁对其中利害甚是清楚，因此授权曹锟等人制造事件，寻找在北京就任大总统的借口。曹锟等人商议以军队哗变的形式恐吓前来迎接袁世凯南下就任的专使。

1912 年撤离北京之第三师部队

29 日晚上迎接专使的游行刚刚开始不久，在商家云集的北京城东安门一带，只听东北方向传来轰轰几声炮响。正当人们猜想是放礼炮的当口，向来还算安分的北洋大兵不知从哪儿一拥而出，口里不断嚷着:“宫保要走了，我们没人管了！抢啊!”旋即一窝蜂似的奔向东四牌楼、崇文门、正阳门一带的金号、银店、当铺、绸缎庄、首饰楼……一边放枪，一边乱抢东西。这还不算，为了销赃灭迹，他们还到处放火，就连左近的居民住户也跟着一块儿遭了殃。人们这才猛然省悟，原来不是放礼炮，而是兵变了。自打八国联军以来，北京人多时没见过这个阵势，一时哭爹喊娘，东躲西奔，像滚水浇在了蚂蚁窝上。一时火光烛天，伴之枪声，立刻使欢呼庆祝的场面笼罩上恐怖阴森的气氛。

刚刚从国外回来的齐如山(戏剧艺术家，后来以帮助梅兰芳进行戏剧改革而闻名)倒是不怕，身着西装，站在大街上看了一个晚上的热闹。大兵们不仅没有动他一根汗毛，而且还不断地向他“咨询”。一会儿，一群兵拿着抢来的寿衣问他是不是绸子;一会儿，一伙人捧了一堆化银子用的小碗，问他

是什么玩意。一伙大兵拿来一堆纸条，当被告知不过是挽联时，连连大呼晦气；抢着了貂褂的大兵们，当被证实所获最值钱的时候，一齐欢天喜地，大叫没白来。（见《齐如山回忆录》）显然，不像后来的军阀大兵，兵变和抢劫已经是家常便饭，毕竟是清朝花大笔银子、袁世凯下大力气按照普鲁士陆军模式训练出来的军队，第一次集体抢劫还真有点"棒槌"（外行），需要不时地求教于街头的"顾问"（齐如山语）。

当夜京城内外共有 4600 多家商铺被抢，史称"北京兵变"，又称禄米仓兵变。南方使团住的地方，枪声尤其密，变兵甚至持械闯入迎袁专使蔡元培等人的住所进行威吓。迎袁使节们一个个仓皇从窗户跳出，在墙根底下蹲了半宿。

这到底是怎么回事呢？原来早在数日之前，袁世凯父子就策划好了，等到专使一到，就令手下的北洋军发动兵变，对其进行恐吓。这才有了上述的一幕。参加兵变的部队是袁世凯亲自调来控制京师的嫡系部队，第三镇统制曹锟是他的忠实走狗，没有他的命令，他们是不敢如此肆无忌惮的，但这种纵兵在大街上抢劫的事，还就是外号曹三傻子的曹锟才肯干（曹锟能从保定街头一个什么也不是的布贩子，混成堂堂统制，靠的就是这股绝对服从的傻劲）。从此以后，曹锟的第三镇以堂堂嫡系北洋军之身长时间背上了恶名。后来任民国国务总理的唐绍仪在回忆中揭露了事实的真相。兵变的第二天早晨，唐绍仪去访问袁世凯，袁当门而坐，唐绍仪坐在门侧。这时曹锟戎装革履推门而入，向袁世凯请安后说："报告大总统，昨夜奉大总统密令，兵变之事，已办到矣。"袁世凯见曹锟说漏了嘴，立刻大骂："胡说！滚出去！"

兵变像传染病一样在北方蔓延，继北京之后，天津、保定、通州等也发生了兵变，闹得华北大乱，一日数惊。

当时北洋陆军驻保定第二镇（统制王占元）一部于 3 月 1 日在古城发动兵乱，一时间将保定搞得面目全非。据当时北京国事新闻社编辑的刊物《北京兵变始末记》中载："保定市内四街各处繁盛皆成焦土，疮痍满目，瓦砾如山，啼饥号寒之声比户皆是。"据古城商家后代描述，驻保二师兵变时，所有大街小巷，各商家店贾无一幸免，大火连烧三天不熄。

保定兵变一周后的 3 月 10 日，袁世凯置大批死伤市民于不顾，首先想到的是兵乱期间，散落于民间的各种枪械会给日后统治带来不小的麻烦，于是，发出公告如下：因此次变乱失落的军装枪械甚多，急应收回，酌量给价。且看当时欲收回军用物资的给价：

交回枪械步枪部件齐全且带皮件者，每支枪给洋五元五角。

交回有枪而无皮件者，每支枪给洋五元。

交回有枪而无刺刀者，每支枪给洋四元五角。

交回的枪械部件不全者，视其不全情况，酌量给洋。

凡交回的手枪，每支一律给洋三元。

袁世凯任临时大总统后与北洋将领合影

其它军装被服或军用物资，凡主动交回者，视其交回的成色与数量，酌量给洋。

对于失落的军用品，或者是带有危害性的军用物资，袁予以关注并急于用钱收回。对于京、津、保地区黎民百姓遭变的灾害，他却迟迟不予理会，不作答复。后来，迫于国内各界知名人士以及南方革命党人的强烈抗议，袁世凯才于3月末派遣国会议员靳云鄂到保定实地调查居民铺户商家店贾受灾情况。

靳来保定，并未走街串巷详查各类损失细节，只是走马观花地听了听保定市政当局简单扼要的汇报而已。1912年9月25日，北京总统府善后局通过《大公报》发布公告：凡于兵乱中被害人民，每人计有政府抚恤银洋50元。这就是说，变兵每残害一条人命，政府只给50元打发了事。一条人命只值九只步枪钱。兵变发生后，英美表示要调兵进京增强东交民巷警戒，日军在秦皇岛登陆，并由山海关调兵一部到北京，俄国也由哈尔滨调兵1000人到天津。整个形势似在表明，袁世凯如若离开北京，不但“内忧”已有明显暴露，“外患”也会接踵而至。

袁世凯在兵变后与专使们会面时，依然绝口不谈拒绝南下就职，而以极

诚恳的态度大谈他对北方秩序应负完全责任，以免引起更严重的事态，并提议他暂留北京6个月，先请黎元洪到南京就任副总统并代行总统职权。专使们亲眼目睹了北京兵变，亲身经受了兵变的骚扰，又亲耳听到了袁世凯不拒绝南下的诚恳话语，于是取消了坚决让袁南下的要求，并致电南京方面陈述了袁世凯不能离开北京的理由。3月6日，南京临时参议院议决允许袁世凯在北京就职。3月10日，袁世凯在北京宣誓就职，终于窃取了国家的最高权力。袁世凯窃取辛亥革命成果，在北京建立独裁政权，其中的原因是诸多方面的，而曹锟按其策划发动的北京兵变，起了很大作用，袁世凯也因此更加器重曹锟。袁世凯就任大总统之后重新编军，把原北洋军的镇、协、标，分别改称为师、旅、团，第三镇改为第三师，仍由曹锟任师长，调驻南苑。

第六章　拥袁称帝

袁世凯就任大总统之后，虽然口称共和，却一步步走向独裁，并梦想建立新的皇朝。他先破坏责任内阁制度，又刺杀国民党代理理事长宋教仁，1913 年 4 月，袁世凯又同外国银行团签订了所谓的“善后”借款合同，以出卖民族权益为条件，并将此项借款移作军费，扩军，准备镇压国民党势力。到 5 月初，便完成了对湘、皖、苏等省的军事部署。曹锟所部北洋陆军第三师进兵岳阳，向湖南都督谭延闿发动攻击。

1913 年 7 月，李烈钧奉孙中山之命，在江西湖口宣布起义，组织讨袁军，发布《讨袁檄文》，反袁的“二次革命”爆发。袁世凯按既定军事部署，派大军分路南下镇压“二次革命”。因湖南都督谭延闿是被迫宣布独立的，不能坚定地与北洋军作战，所以，负责进攻湖南的曹锟第三师在几乎没有遇到什么抵抗的情况下，就轻而易举地占领了岳阳。8 月 13 日，湖南取消了独立，袁世凯改任汤芗铭督湘。

傀儡戏

1914 年 12 月，袁世凯公布了《修正大总统选举法》，规定总统任期 10 年，连选无限制，总统继承人由现任总统推荐。这样袁世凯就成了终身总统，他的子孙后代还可以继任，中华民国成了袁氏的“家天下”。袁世凯的北洋军阀势力扩展到长江流域后，为了监视南方革命势力，1914 年 4 月袁任命曹锟为长江上游警备司令，7 月又赐予“将军”称号，令其率第三师继续驻守岳阳，监视南方革命势力。袁世凯对曹锟的提升，一方面是出于对付革命势力的需要；另一方面，是因为北洋军许多将领都有了地盘，唯独曹锟虽然资格老、效力多，但依然是个师长而没有地盘，不得不以此来作为一种补偿。

曹锟虽然有了长江上游警备司令的头衔和“将军”的称号，但与北洋军其他将领相比，其他人大都有了地盘，官职提升得较快，而他在大清朝就已当上了第三镇统制，现在依然是个由统制改称的师长，军职在实际上并未提升，尤其没有可控制的势力范围，同样为袁世凯效力，却只能在岳阳为汤芗铭看守门户。面对此情此景，曹锟未敢表现出对袁世凯有什么不满情绪，可是，内心的苦闷却是与日俱增。如何才能在群雄并起的形势下保持和发展自己？如何才能尽快提高自己的权势和地位？这些在军阀看来是至关重要的问题，终日萦绕在曹锟的脑海里。曹锟想来想去，反复琢磨，初步认识到：唯一的办法是增强军事实力。

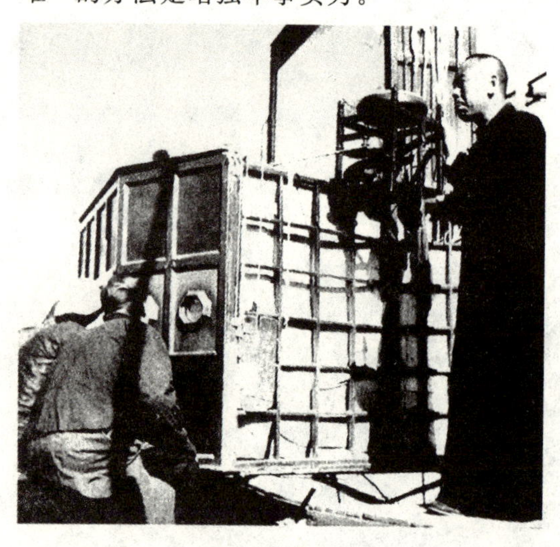

拉洋片

吴佩孚在 1911 年 11 月平息了炮三标的哗变后，被提升为标统。一次，曹锟拜见汤芗铭，汤芗铭称赞吴佩孚是个“出类拔萃的人”，要借调吴佩孚到自己的督军衙门中来。曹锟见汤如此赏识吴的才识，回到岳州就把吴提升为第六旅旅长。曹锟为人不求甚解，但他能接受别人的好意见，其可爱处就在这里。吴佩孚从此为曹锟卖力、献策，成为曹锟的膀臂；曹锟遇事多与吴佩孚商量，听取建议，既是吴的上司又是知己。吴佩孚向曹锟提议，应该发展军力，整顿军纪，以免任人宰割。曹锟听从了吴的意见，集中精力，埋头练兵，经过一年多的努力，使第三师成为一支实力雄厚、纪律“严明”的队伍，曹锟虽未像其他北洋将领那样快速升迁，但却为日后的发展备足了军事本钱。

袁世凯虽然当上了终身大总统，但是他并不满足现状，继而觊觎皇帝的宝座，积极筹备复辟帝制。袁世凯为了给帝制打上“民意”的印记，由他的亲信党羽出面，打起所谓“公民”的旗号，组织了各种名目的“请愿团”，请求变更国体，甚至北京的乞丐和八大胡同的妓女也组织起来，成立了乞丐请愿团和妓女请愿团。北洋军将领及政府官员也都以“公民”身份上书请愿，曹锟也不甘落后，他和张绍曾等打着直隶“公民”的幌子，上书请愿。

1915 年 11 月 23 日，曹锟愣是冒着自个儿身败名裂的危险，给袁世凯发了通电，要求“改变国体”，劝袁世凯要“顺乎民意”，敦请袁世凯早登皇帝宝座。

1915 年 12 月 12 日，袁世凯下发告示，承认帝制。13 日，袁世凯在居仁堂接受百官朝贺，终于爬上了皇帝的宝座。袁世凯称帝以后，对有功人员大加封赏，曹锟被封为“虎威将军”和一等伯爵。曹锟尽管为这事遭了国人们的白眼，可他却认为那封电报拍得“值”！

袁世凯灵堂

辛亥革命虽然以失败而告终，但是，这场革命所播撒的民主主义思潮，已成为不可抗拒的历史潮流。袁世凯的倒行逆施，激起全国各阶层人民的反对，当帝制消息传出后，各界民众愤慨异常，纷纷声讨袁世凯的罪行，要求诛除“叛国之元凶”，以谢国人。袁世凯接受帝位后，1915 年 12 月 25 日，唐继尧、李烈钧等宣布云南独立，通电讨袁，掀起了反袁护国运动。袁世凯决定以武力镇压。曹锟在袁世凯帝制活动中，是一个积极支持者和拥戴者，一再“劝进”，不甘人后。当护国运动兴起之后，曹锟又受到袁世凯的重用，充当讨伐护国军的主要干将。1916 年 1 月，曹锟受命率军入川，与护国军交战，并暗中监视四川主帅陈宧。

在战争初期，开到泸江的北洋军军事优势明显，护国军处处被动。但是3月17日，护国军组织力量大举反攻，与人民武装力量相配合，曹锟组织北洋军全力防守，双方在泸州外围展开激战，形成对峙状态。

虽说曹锟一直把袁世凯当"干爹"，当靠山，可他不傻，他也长着后眼哪！眼下，他见护国军作战勇猛，全国上下也支持；再看看自个儿的部下，也十有八九反对袁世凯当皇上，打起仗来不卖真力气，再加上队伍里差不多都是北方人，在四川水土不服，哪儿还有打仗的心思？想到这儿，曹锟反倒乐了：打不了仗更好——要是手下的军队都叫护国军给拾掇了，我往后还靠谁吃饭去？与其如此，我还不如给他来个不战不和，不进不退，干脆给他来个"晃荡"起来看！在吴佩孚的劝说下，曹锟决定采取圆滑的两面政策：表面上对袁世凯继续敷衍；暗地里却与各路反袁军联络、疏通，建立关系。

这时，整个形势的发展对袁世凯越来越加不利，不仅广西于3月15日宣布独立，北洋军阀内部也分崩离析。1916年3月22日，袁世凯在内外交困和一片反抗声中，被迫宣布取消帝制，废除"洪宪"年号。袁世凯的一场皇帝梦，最后破灭了。

袁世凯在徐世昌、段祺瑞、冯国璋等远离自己而去，皇帝已经做不成的情况下，为了继续保持总统权位，还密电曹锟继续为其出力卖命。但是，困守泸州的曹锟，综观全国形势，却是忧心忡忡，不敢贸然进兵。

1916年6月6日，袁世凯在全国人民的一片唾骂声中，在众叛亲离的困境中，终因肾功能衰竭而结束了一生。1916年6月7日，根据《中华民国临时约法》，黎元洪继任总统。6月24日，北京政府任命蔡锷督理四川军务兼四川巡按使，任命曹锟会办四川军务，曹锟于是率部进驻重庆。袁世凯死后，以反对袁世凯称帝为宗旨的护国战争便失去了目标而无形终止了。7月14日，广东的护国军军务院宣告撤销。南北实现了统一，而北京政府依然是北洋军阀的天下。

第七章　坐山观虎斗

靠山倒了不要紧，老的靠山倒了还能找到新的靠山。袁世凯刚一死，曹锟就写信叫他的七弟曹锳到北京买通了当时将军府的果威将军靳云鹏，又通过靳云鹏买通了国务总理段祺瑞。这一招儿比什么都灵，曾经为袁世凯坐天下立过功劳的曹锟，由于顺势应变，在继任总统黎元洪公布的惩办帝制祸首的名单中，不仅未被列入，相反，凭着他的实力，还成为北洋军中的实力派之一，为副总统冯国璋和国务总理段祺瑞所争夺和拉拢。

袁世凯死后不到三个月，1916 年 9 月 16 日，段祺瑞就把曹锟调回直隶，升任直隶督军，第三师奉命撤回河北，仍旧驻扎保定。转年曹锟又兼了直隶省长。曹锟对他的新靠山段祺瑞更是百依百顺，言听计从。要不是这样，在这之后的军阀混战争雄里，哪会有他曹锟的好果子可吃？

1916 年，曹锟任直隶督军后，驻跸在永华中路东侧的清代按察使司衙署，曹锟在这里大兴土木，进行大规模改建、装饰，成为曹锟的公馆。因曹锟非常敬慕抗倭民族英雄戚继光，故将此处改为光园。光园原建筑面积 2500 多平方米，是一处中西结合的庭院建筑，园内有好几个院落，非常宽阔，环境优美。院中有花园、假山点缀其间，院后有专供曹锟及其四房夫人看戏的戏楼。在光园主体建筑前，有一个硕大的铜球，闪闪发光。铜球的西南侧，是用七块名贵花箭石砌成的北斗七星造型。

当时，府河两岸有六百余亩荒地，曹锟决定将其建成花园，保定周围的百姓刚刚经受大旱之苦，衣食无着，闻讯纷纷前来报名，为的是找口饭吃。曹锟倒也慷慨大方，不管老少，来者不拒，无论干多干少，每天照样发钱，遇上他高兴的时候，每人还会多发上几个铜板。这座规模宏大的花园建成后，人称“曹锟花园”，而曹锟也很喜欢这座颇具江南园林风格的所在，几乎每天早上都要来这里散步、打拳，普通百姓要进园看看，他也不阻拦。

袁世凯死后，黎元洪和段祺瑞分掌总统府和国务院，在中国政府是否参加第一次世界大战以及对德宣战问题发生了冲突。军阀和政客为了各自的

利益也纷纷加入到这场争斗中来，这就是所谓的“府院之争”。当然，作为毗连京津地区的直隶督军，曹锟也不可能置身事外，但他却能左右逢源、应付自如，既保全了自己，又不得罪各方上司，以免陷得太深不能自拔，因为鹿死谁手，很难预料。这也算是曹锟的高明之处吧。为了统一北洋军阀的意见，段祺瑞组织了督军团，联合压制黎元洪对德宣战，曹锟也名列其中。黎元洪置督军团的意见于不顾，下令免去了段祺瑞的国务总理职务，任命伍廷芳暂行代理国务总理职务。

罢免段祺瑞之后，参议院选举李鸿章的从子李经羲任国务总理。但是到1917年5月29日，新总理还没有上任，河南、浙江、山东、山西、福建、陕西等省纷纷宣布独立，6月1日，曹锟也发表通电，宣布独立。

面对这种形势，黎元洪寝食难安。此时安徽督军张勋递入呈文，有进京斡旋之意。黎元洪认为张勋是督军团大盟主，又未向北京政府宣布独立，具有居间调停的良好条件。万般无奈下，只好发电给张勋并派专人专车到徐州迎接辫帅张勋进京。辫帅张勋接到此令大喜过望，于6月7日率领随员148人，马步、炮兵10营，共计5000余人，从徐州乘车就道，8日到达天津，按兵不动，电陈调停条件，请黎元洪下令解散国会，限三日内实行，否则不负调停责任。此时的黎元洪方感到自己犯了引狼入室的错误，真是哑巴吃黄连，有苦说不出，悔之晚矣。黎元洪别无他法，只得解散国会，张勋则以大盟主的身份要求各省取消独立，并积极筹备复辟帝制。7月1日，张勋指定王士珍、江朝宗为国民代表，拿着事先拟好的“奉还大政”的“奏折”，逼迫黎元洪签名盖章。然后请出废帝溥仪复辟皇帝位，复辟的丑剧再一次上演，北京城里又挂起黄龙旗。

张勋复辟成功之后，段祺瑞利用张勋倒黎和解散国会的目的达到，便以讨逆为名联合保定的曹锟进攻张勋。曹锟因为没有获得事前张勋许诺的直隶总督的职位而大为不满，此刻段祺瑞相约反张，一拍即合，起而响应。段祺瑞任命曹锟为西路“讨逆军”总司令进讨张勋。7月4日，曹锟派其部将吴佩孚率第六旅为先头部队，乘火车北上。5日凌晨，直军抵达卢沟桥和宛平县城。同一天，冯国璋在南京就任代理大总统，任命曹锟为直隶督军兼署省长职。7月13日，“讨逆军”攻入北京城，张勋复辟失败。张勋复辟，曹锟有默契，表示赞成。当复辟的丑剧上演之后，张勋遭到了全国人民的声讨和军阀们的反对时，曹锟立刻通电反对复辟，翻云覆雨，顺势而变。曹锟此举虽然得罪了张勋，不过也算为直系首领冯国璋撑了腰，为皖系首领段祺瑞出了气，一时成为直、皖两系的大红人。

张勋复辟是由黎元洪、段祺瑞的“府院之争”而引起的。段祺瑞利用张勋解散国会，驱逐总统黎元洪之后，背信弃义，起兵讨逆，张勋复辟失败。民国恢复以后，直系首领冯国璋仍代行大总统权力，皖系的段祺瑞仍当总理。新的府院之争又开始了。新的“府院之争”是北洋军阀直、皖两系的角斗，在这场相互排斥、倾轧的政治斗争中，曹锟维系平衡，和各派保持“良好关系”，成为直、皖两系的“双栖者”。

第八章 副总统的迷梦

曹锟本是直隶人，与冯国璋既是乡谊，又有旧交，亦属直系，但他不为各派系所操纵。虽是直系，对于国民党组织的护法战争，他加入主和集团。曹锟并不是皖系，但又能与皖系保持良好的往来。曹锟在北洋派中实力最大，他的地盘又接近北京，他的态度能对北京政府产生很大的影响。因此，直系不想丢掉这个能够左右时局的伙伴，皖系也想把他拉进自己的阵营，成为皖系的合作者。

当然，曹锟夹在段祺瑞和冯国璋之间，是主战还是主和，这对曹锟来说是一个考验。曹锟权衡利弊，不断在双方之间摇摆，以为自己取得最大的利益。他首先联合长江三位直系都督主和，继而在段祺瑞授以副总统的诱惑下对南方采取强硬态度。事实上，主战者并非真战，没有一个肯挺身而出打硬仗者的。主和派亦非主和，只是为对付段祺瑞的皖系。总之，军阀们为了自己的利益，不论曲直，或战或和，顺势而变，曹锟是军阀中最为典型的人物之一。

1917 年 12 月 2 日，天津曹家花园，直系的曹锟、张怀芝和山西、奉天、黑龙江、福建、安徽、浙江、陕西等省的督军代表举行督军团会议，解散了不到半年的督军团再度复活，只不过这次督军团的盟主由曹锟代替了张勋，地点从徐州改在了天津，攻击的目标由总统黎元洪改为冯国璋了。“曹家花园”在天津河北五马路、黄纬路之间，这所住宅原系买办孙中英于光绪二十九年(1903)所建。1922 年转卖给曹锟后又大兴土木，增建廊庑、亭池、岛榭，建成一座豪华的园林别墅。占地面积 200 余市亩，楼、平房 4000 多平方米。

就在开会期间，督军及各省代表们突然收到了皖系机关报发出的一则新闻，称西南军阀在梧州召开会议，并决定迎接黎元洪复职、恢复旧国会、惩办战争祸首段祺瑞等，督军团看到这个消息后，认为西南军阀是在欺负北洋系，都纷纷表示要给西南军阀点颜色看看。曹锟义愤填膺地说道：“我愿战至最后之一人！”会议当即决定，北洋系分兵两路进攻湖南，一路由曹锟为主帅，率领军队由京汉路南下，通过湖北进军湖南北部；另一路则推举张怀芝为主帅，率领军队由津浦路南下，通过江西进攻湖南东部。这样原本已经有了和平解决希望的国内形势逆转直下，经过督军团天津会议后，战争的乌云又笼罩在中国的上空。

此时，北洋系内部依然有主和派，内阁总理王士珍成了督军团攻击的另一个目标。王士珍虽然是北洋元老，但也经不起风浪，于是向冯国璋提出辞职。冯国璋此时也没有更多的办法，只好派段芝贵到天津询问督军团最后的意见，如果有和平解决的可能，应该提出哪些条件作为谈判的基础。

段芝贵到达天津后，立即到督军团聚集的地方，得到了督军团谈判的四个条件：一是南军退出长沙，二是解散非常国会，三是取消军政府，四是西南各省督军、省长由中央政府任命。这 4 个条件显然是西南军阀无法接受的。一波未平，一波又起，12 月 6 日，曹锟、张怀芝、张作霖、阎锡山等 10 人联名发出通电，要求北京政府颁发讨伐西南的命令。督军团在天津召开会议之前，冯国璋已经草拟了停战令，收到曹锟等人在天津发出的通电后，12 月 7 日冯国璋下了一道命令，任命谭延闿为湖南省长兼任督军。同时，第二次派段芝贵到天津，希望督军团能够静候中央政府的决策。督军团对此置之不理。

曹锟本是直系举足轻重的人物，但他偏又是个“两栖动物”，曹锟是直系不与直系协同，不是皖系与皖系亲密。他先前领衔与长江三督军联电停战主和，但后经皖系大将徐树铮的拉拢，并许以“副总统”尊位，便一下子由主和派变成了主战派，并充当盟主，在天津曹家花园，与倪嗣冲、张怀芝共同主持了督军团会议，讨论并制定了攻湖南的计划。曹锟在会上表示：“我愿战至最后一个！”时人嘲讽曹锟，说他大人虎变，因他夙领虎威将军，又狡猾善变，所以引援古典，赠他一个雅号，名曰“虎变将军”。

在段祺瑞给予副总统职位许诺，并公推为“督军团”盟主，外加川粤湘赣四省经略使，再扩大四个混成旅兵力，每月获得中央军费 130 万元的利益诱使下，曹锟极力主张征南。1918 年 1 月 30 日，冯国璋被迫委任曹锟为两湖宣抚使，攻湘军总司令，皖系将军张敬尧为攻湘军副司令。北洋军阀发动了第二次攻湘作战，其企图是攻下岳阳、长沙，进而占领全湘。

2 月 6 日，曹锟委派他的兄弟新任直隶省长曹锐代理督军，自己亲自动身南下到汉口，任命吴佩孚为第三师师长。吴佩孚系山东人，原是前清蓬莱秀才，流落京华，穷途末路之时投靠了北洋，依附曹锟，辛亥革命时已升为标统。张勋复辟时,曾受命"讨逆",任前敌总司令。曹锟坐镇汉口指挥,命吴佩孚率部向蒲圻、嘉鱼一带开进。23日,吴部到达蒲圻。南北大战一触即发。

在此之前,北洋军张怀芝与张敬尧部已从江西进入通城。28日,北洋军发起进攻,当日击败守卫新店、滩头的湘军,向纵深推进。北军两路进兵湖南,长沙和岳阳腹背受敌,护法联军在抗御北军的形势上十分不利。

到了3月,曹锟将自己的所有兵力投入到了南方战场。3月2日,北洋军攻占万峰山湘军阵地。护法联军退守羊楼司。羊楼司是由武昌入岳阳的咽喉要道。联军在此构筑了由堑壕、石垒和铁丝网组成的多道防御阵地,准备坚守。3月10日,吴佩孚挥军猛攻羊楼司,联军防线被敌突破,只得向岳阳方向后撤。11日上午,北洋军占领羊楼司。此战,北洋军死伤300余人,护法联军伤亡更为惨重。15日,北洋军攻占通往岳阳的最后一个要地云溪。

1917年7月冀鲁地区特大洪灾。

在北军进攻岳阳前夕,护法军主将桂系谭浩明竟丝毫未做作战准备。南军的部署是:湘军赵恒惕师在岳阳,刘建藩部在平江,桂军马济、韦荣昌、陆裕光等部则在湘军的后方作总预备队。这种部署表示桂系对于抵抗北军根本没有决心,不止是没有决心,而且还有私心,打算在这场战争中,胜了既保全实力又有战功,打败了则先退却。以陆荣廷为首统治西南两广的桂系最会利用政治矛盾,陆荣廷对北方一直是采取联冯抗段的策略,利用直系牵制皖系。他所希望的,是制造直皖矛盾,扩大他们的矛盾,使北洋分裂,直皖发生战争，如此桂系即可坐收渔人之利。所以他不愿意真的打仗，尤其不愿桂系首当其冲和皖系作战。当北方主战派得胜，皖系已挥军南下时，桂系知道湖南战争无法避免，认为湘军和桂军无法抵抗北洋军，这是场不可能获胜的战争，因此桂系决定尽量保全桂军实力，战争爆发时，宁可让湘军在前线，桂军则设法在必要时安全撤退，保存实力。这时，桂军早先唱出湖南是两广门户的论调也放弃了。桂系的消极态度，让湘军士气受到严重的打击。

早在护法联军占领长沙挺进岳阳时，湘军将领就主张乘胜进攻武汉，至少也应占领鄂南一带有利地形作为岳阳的外围据点，可是谭浩明下令不许入湖北一步。当北洋军南下时，桂军准备不战而退，湘军不能单独作战。同时桂军歧视湘军，无论在军火和军费上，两军的待遇都不公平，这也是让湘军愤愤不平的，因此湖南战争还没有开始，南方弱点已经暴露出来了。

16 日，北军总攻岳阳。17 日夜，守城联军弃城撤往长沙。18 日上午，北洋军进占岳阳。

护法军自从攻占岳阳后，内部矛盾日趋激化。先是桂系军阀对军政府故意刁难和破坏，后是夺占湖南地盘，在湖南胡作非为，引起湖南人民和许多湘军官兵的极大反感。此战，湘、桂军之间矛盾重重，互相掣肘，加之兵力分散，消极防堵，装备落后，士气不振，因而一遇吴佩孚精锐之师，便难以招架。吴佩孚则因岳阳之战而名声大振。

护法联军放弃岳阳时，属于桂系的南军联帅谭浩明还在长沙向商会逼索军饷，并且布告说："岳州小挫，军事之常，本帅坐镇，自有主张。"

而此时，北洋军第七师张敬尧部也对不设防的平江也发起了攻击。3 月 22 日占领平江。

岳阳和平江失守，使坐镇长沙自有主张的湘桂粤联军总司令谭浩明束手无策，于 3 月 25 日率所属桂军慌忙撤离长沙，顿时长沙陷于无政府状态。同时前方一批一批湘军士兵退下来，没有人照料，既找不到长官，又找不到食宿之所，疲困饥饿，怒火中烧，一时愤无可泄，就在长沙城内各商店和住宅大肆抢劫，先在八角亭、黄道街、坡子街一带商业中心抢掠，随后遍及全城，一批去了，一批又来，致使商店关门，街上罢市，许多商店门外都贴了这样一张声明："本店被劫一空，无货应市。"长沙市民这次对于保卫他们的湘军失望达于极点。

26 日，吴佩孚第三师不费一枪一弹开进长沙，张敬尧部也随后赶到。吴佩孚攻下长沙后，向南军直追，径扑湘潭，把长沙交给了残暴的北军第七师

师长张敬尧。

张敬尧一直未上前线，他在岳阳攻克后才到九江督师，继而进占平江。一路上勒索巨款，抓伕，掳掠妇女，一路湘民怨声载道。

这时，段祺瑞已重新出任国务总理。曹锟领军在不足一月连续占领岳阳、长沙等地。这样段祺瑞在军事和政治上占了绝对优势。3月27日，段任命皖系军阀张敬尧为湖南督军兼省长，同时电令吴佩孚部立即率部向湘南进军。

可是，段祺瑞选的这第二个湖南督军，和任命他的舅子为湖南督军一样，都是乱命，最终给北洋政府带来不可估量的损失。本来直、皖之间的"意见尚未尽消"，而且也不可能尽消。曹锟、吴佩孚等人虽属主战派，但早就意识到段祺瑞把他们放在第一线作战，实际是在为皖系抢夺地盘。但是吴佩孚率领大军，所向披靡，一直攻下长沙。这次战争，皖系将领作战时屡遭失败，全赖吴佩孚一路向南挺进，若论功行赏，头功应归吴佩孚。可是段祺瑞竟任命了在征南战争中没有寸功的亲信皖系将领张敬尧为湖南督军，时人称"直系打仗，皖系做官"。拥有战争主动权的直系怎能不恨得牙根痒痒呢？

4月初，段祺瑞决定将在湖南的北洋军分兵三路向南推进。正在向南追击护法联军的吴佩孚部为中路，出长沙直攻衡山、衡阳，以张敬尧第七师为右路，由湘乡、永丰进攻宝庆，原张怀芝第二路军的施从滨师、张宗昌第二混成旅等为左路，经醴陵南下，攻攸县、茶陵。

直军在吴佩孚指挥下本来进军神速，攻势锐猛，可是慢慢地就迟缓下来，这当然因为政治原因——直系已经不再愿意傻呵呵地替皖系卖命了。曹锟和徐树铮之间发生了新的龃龉，影响了直军的情绪，同时因左右两翼的军队不能像中路那么神速，配合不上，所以吴军也不敢孤军深入。

第三师第五旅旅长张学颜在军中资格颇老，当吴升任第六旅长时，张学颜颇为不悦，对人云："子玉区区马弁头耳！今竟和我分庭抗礼，将来难保不爬在我的头上。"他说这话不到一年半，吴果然代理第三师长，成为张学颜的顶头上司，张更为不满。第五旅入驻湘潭时，张学颜以旅长名义出告示安民，吴闻张擅发布告，大为光火，乃召张听训，张推说抱病，吴遂自往第五旅旅部访张，责张不应以旅长名义出告示安民，张学颜愤然说："你是代理师长，你不出面，我是正式旅长，为什么不能出告示安民呢？"吴一怒而去，回到师部即打电报给曹锟说张学颜不听调遣。曹锟接到吴佩孚的电报后，知道两人不能相处，在此用兵期间，唯有舍张而留吴，于是下令调张学颜赴汉口另有任用，遗缺以团长董政国升任第五旅旅长，吴的爱将张福来为第六旅旅长，第三师所辖三个混成旅，第一旅旅长王承斌，第二旅旅长阎相文，第三旅旅长萧耀南。吴佩孚则由代理师长改为署理师长。

曹锟于4月5日以两湖地区的善后问题应由各省自行解决为由，致电冯代总统，要求免去两湖宣抚使之职，并拟与南军和谈。段祺瑞为了稳住曹锟的心，请特授曹锟勋一位，给予一等大绶宝光嘉禾章。但另一方面，段祺瑞、徐树铮等认为曹锟、张怀芝已怀二心，便预为提防。他们将南下奉军的两个旅编为一个支队，以张景惠为支队长，开往信阳、孝感，名为增援，听候曹锟调遣，实际上是监视曹锟及第一路军司令部的行动。曹因此消极对抗，13日，以过于疲劳为由，要求将吴佩孚的第三师调回岳阳，并再次要求辞去两湖宣抚使职，请求病休。这样，北洋督军中第一号实力人物、主战派大将曹锟与皖系矛盾开始公开化。

曹锟的举动使皖系段祺瑞大为震惊，曹锟是督军团的盟主，主战派的主将，他的举动将会对战局产生极大的影响。如果他的部队从前线撤下来，段祺瑞的"武力统一"政策将前功尽弃。为了协调与曹锟、张怀芝等人的关系，4月中旬，段祺瑞以犒师为名，亲率军政要员近30人南下汉口。在汉口他召集了两湖宣抚使、第一路军总司令曹锟，湘赣检阅使、第二路军总司令张怀芝，湖北督军王占元，河南督军赵倜，以及随段南下的徐树铮和有关方面代表，讨论湘粤军事。会议就南征与国会问题作出了决议。

护法联军方面并没有抓住北洋军攻势迟缓的机会而展开反攻。从4月下旬起，护法联军的主力桂军的大部分人马开始向广东撤退，谭浩明也于22日离开衡阳到永州。桂军撤退，兵微将寡的湘军也只能急速后撤。23日程潜离开衡阳，24日直军吴佩孚部兵不血刃进驻衡阳。

但是战场上的一切都是不可预料的，接下来，北洋军接连吃败仗，让人大跌眼镜。毛病出在担任左翼进攻的第二路军。张怀芝被胜利冲昏了头脑，认为只要前进就会胜利，因此本来进军极慢，稳扎稳打，却也改变为快攻急进，果然垂手而得醴陵、攸县。张怀芝忘了穷寇莫追，犯了兵家的大忌。此时的桂军已退到祁阳、宝庆地区，却将湘军甩在湘潭、衡山一带。张怀芝们的冒进，使得湘军撤退不及，前有追兵，后无逃路，只得破釜沉舟，决一死战。另外，已经退到湖南边境，退无可退，再退就只能到广东在别人鼻息底下讨生活了。因此湘军将领决定试着依靠自己的力量，力保湘南。他们决定以较弱的北洋军左路为打击对象，对跟踪而来的北洋军予以反击。4月20

日，湘军以赵恒惕为湘东前线总指挥，在部分粤军协助下，分五路向进入攸县的北洋军发起突然攻击。4 月 21 日，湘军一部与粤军一起将北洋军施从滨师包围，经两昼夜激战，歼施师大半。4 月 23 日，湘军攻克攸县，毙敌千余人，俘敌数百名，夺获飞机两架。25 日，湘粤军与扼守黄土岭之敌展开激战。4 月 26 日湘军赵恒惕、刘建藩部已将黄土岭团团围住，已经向韶关退却的桂军马济部也迅速调回来接应湘军。27 日，湘粤军发起总攻，据守黄土岭之张宗昌第三旅等部拼死抵抗。赵恒惕亲临督战，指挥湘军从下面连续突击。北洋军终于不支，弃黄土岭而逃。湘军乘势猛追，继收复攸县后连克醴陵、株洲，前锋距长沙仅数十里，湘东反击战取得重大胜利。

当时乘胜而来的北洋军第二路军有 2 万多人，而湘军只有 3000 人，会师支援的桂军也只有 1 万人，谁也没想到处于劣势的赵恒惕竟敢率领湘桂军发动反攻。经此一战，北军左路军几乎全军覆没。张怀芝大将施从滨仓皇率鲁军第一师向长沙逃窜，苏军第六混成旅和安武军向萍乡逃窜，彼此各不相顾。沿途把湖南老百姓认作护法联军便衣队，不分青红皂白，烧杀抢掠，无所不为。从攸县、醴陵一直到株洲、易家湾，一路变成了一道烟雾弥漫的火海。

北洋军左翼张怀芝部在湘东的大败，震动了长沙。张敬尧接二连三地向北京政府请援，并紧急应变，派第七师补充第二团的兵士代行警察职务，以该团团长佟国安兼任警察厅长，又成立全省侦探处，雇用大批鹰犬搜查护法联军间谍，滥捕滥杀，严刑拷打。长沙变成了恐怖世界。尤其是晚间，张敬尧部借口搜查乱党，擅入民家，敲诈勒索，无所不为，只要见到女人，不问青红皂白，立施奸淫。长沙中产阶级以上的家庭早在战祸初起即远走高飞，中产以下的则赶忙躲到乡下去，长沙几成一座空城。张敬尧竟厚颜无耻地吹说第七师纪律严明，秋毫无犯，是仁者之师；并控制舆论，不许人民控诉北军不法行为，否则就以护法军间谍论处，

这时，如果桂系肯出全力协助湘军反攻，从左右两翼采取钳形攻势向长沙进攻，收复长沙易如反掌。突出在衡阳方面的北洋军吴佩孚部，失去后方，也只好撤退。不过这一来南北两军便要在长沙地区进行主力决战，而桂系却不愿与北洋军决战，因此他们对北洋军第二路军予以致命打击后，立即把支援湘军的部队撤回。

结果，北洋政府为了应援张敬尧，在汉口的徐树铮乃派奉军司令郭芬率领一旅一团迅速增援湘东，已攻占衡阳的吴佩孚部也不慌不忙地向湘东包

抄过来，湘军在反攻大胜之后又不得不急速向南撤退。5月1日湘军将领刘建藩在株洲渡河时失足落水溺死，湘军遂放弃株洲、醴陵，吴佩孚部连陷安仁、攸县、耒阳。至此，湖南大部又为北军所占，护法联军全部退守湘桂边界地区。

湖南主战场激烈鏖战的同时，护法军（有的省称靖国军）在四川、广东、福建等地区也同北洋军进行激战，但越到后来，军阀争夺地盘的色彩愈浓，已脱离了护法的轨道。

段祺瑞南下"犒师"后，满以为与曹锟等人的分歧已经解决。但是，他尚未回到北京，曹锟的电报已先他而到达。电报称，衡阳克复后，吴佩孚的第三师及四个混成旅已停战待命，如南军不再顽抗，各部将暂守目前的控制线。随后湘鄂前线主要将领频频致电北京，曹锟、张怀芝分别要求辞去现职，分别将部队调回直隶、山东。甚至连皖系大将、湘督张敬尧也来电要求暂行停战，进行议和。

张怀芝在湘东大败后，便张皇失措地由萍乡退往樟树镇，又由樟树镇退到汉口。他宣称旧病复发，又称山东地方土匪猖獗，必须赶回去，因为他离开山东后，山东督军一职便由第五师师长张树元暂代。北洋军阀都是先暂代然后真除，张树元自然不愿意张怀芝再回任，张怀芝则说什么也不能放弃山东地盘。所以他身在前线心在山东，恨不得立刻插翅回鲁。

1917年洪水淹没天津，北洋军第二混成旅第二团前往救灾。

曹锟先前与冯国璋有密约，待打下长沙，杀杀南军的威风后，即停战议和，而皖系允诺他做副总统之约，又成泡影。他攻克长沙后，向段祺瑞索饷。段祺瑞只好派交通总长兼财政总长曹汝霖向日本大借外债，又与日本签了12条军事密约，出卖国家主权，允许日本军队进驻我国东北地区。曹锟拿了钱，却还是按兵不动。

为此，段祺瑞焦急万分，也忙坏了小诸葛徐树铮。由于主战派两个大将忽然变卦不听调度，他打算单独依靠奉军南攻两广，在汉口设立一个奉军前敌总指挥部，把从张作霖那里调出来的六个混成旅全部摆放在了湖南战场上。5月9日他派奉军第二十七师师长孙烈臣、第二十八师师长汲金纯、第二十九师师长吴俊升到长沙，布置奉军入湘作战。5月24日，他又从北京赶回汉口来督促进行。但是这个计划引起了直(曹锟)、鲁(张怀芝)两军的极大反感，因此他们厌战的情绪更高。同时，这个计划又出人意料地引起了张作霖的反感。张作霖出兵的目的是要染指北京政权，把入关奉军全部摆在战场上当炮灰，显然是违背他的出兵目的的；他更不能容忍徐树铮公然视奉军为己有而任意加以调度，因此他召回了三个奉军师长，并且借口边防吃紧，要调回已经开到湘东的奉军。

张怀芝和曹锟冷眼看着小诸葛一会儿北京一会儿汉口地上蹿下跳。这两位本来都是激烈的主战派，忽然一下子产生了厌战情绪，曹锟一再请求回直隶养病——因为风闻段祺瑞身边言听计从的红人徐树铮看上了曹锟直隶督军的位子。5月29日，没有等待段祺瑞同意，曹锟就离开汉口，还把第一路司令部全部带走。30日张怀芝也率领亲信径返山东，原因也是怕后院起火。这两位大将在离开汉口之前，曾与王占元、赵倜、陈光远、李纯交换意见，打算发出一个电报，借口“民生凋敝，不堪再战”，命令前方“停战待命”。

段听说前线将帅公然主和，大为震动，赶紧活动疏通，花了很大气力才说服他们没有发出这个电报。但北洋阵营中，形成了新的主和派，其中三个是原来的主和派，三个是原来的主战派——主战派全变了主和派了，现在他们结合起来了。最不幸的是这个新的主和派领袖竟是主战最激烈的曹锟。由于主和势力大增，厌战情绪就像传染病一样在整个主战阵营蔓延，连极端主战的倪嗣冲也不愿让他的安武军独当护法联军，也请求北京把他的军队调回休息。

直军前线全体将士联名发表通电，力言湘省水患滔天，瘟疫流行，兵疲将惫，不堪再战。同时前线吴佩孚麾下的五位旅长也联名发表请假的电报，这五位旅长是王承斌、阎相文、萧耀南、张学颜、张福来。所谓的请假就是罢工示威,五位旅长联名请假就是军队集体罢工。

徐树铮认为布贩子出身的曹锟是无足轻重的,只要拉拢好吴佩孚,前线的实力派将领就不愁进兵了。1918 年 5 月 27 日,段祺瑞派徐树铮亲往衡阳游说吴佩孚,徐树铮认为吴佩孚是一个真正打手,曹锟不过坐享其成,如果把吴佩孚拉过来,曹锟就成为一个无足轻重的角色了。徐树铮拜会吴秀才,许诺给吴两广巡回使之职,劝吴佩孚留在前线,继续作战。吴巧与周旋,并答道:"我是军人,上面如有命令,但有'服从'二字。"

段祺瑞知道了很是高兴,为了拉拢吴佩孚,忙任命吴为"孚威将军",与督军官阶相等。但是吴佩孚岂能上当,与曹锟一唱一和,按兵不动,继续要求撤回原防休整。

段祺瑞没招了,认为再催促前线的北军进攻是不可能了,因此他决定对湖南改攻为抚,派赵春霆为湘南镇守使,兼湖南招抚清理局局长,派员分途招抚南军:凡愿受抚者,一律改编为"国军",官兵仍供原职;凡不愿入伍者,准其给资遣散。这是一个很恶毒的分化南军,尤其是分化湘军的策略。但他在北京又拟定了第五期作战计划,是在湖南采取守势,但改由福建进攻广东。段本人始终无意于终止武力统一政策。

曹锟听说他的直隶督军一职奖励给徐树铮,便称病回天津调养。他在天津老龙头火车站刚下车,便遇见了炳威将军陆建章。陆奔走赣、鄂,运动议和,他建议曹锟召集各省督军在天津开会,讨论西南和战问题。

不久,曹拟于 6 月 13 日在天津再次召开"督军团"会议,商讨停战、撤兵问题,还有选举总统的问题。曹锟通电请各省督军到津会议。几乎所有主和派政客麇集天津,反对南北战争的呼声甚嚣尘上。至于总统问题,段祺瑞采取了摊牌的意见,建议推举徐世昌为下届总统,他自己则表示不做副总统,倘若冯国璋愿意退为副总统,他也可以同意,否则他愿意和冯国璋同时下野。段祺瑞的主张,表面上是为了维护北洋内部的团结——徐世昌是北洋元老,且和直系有很深渊源,徐出山,直系不会反对,段和冯同时下台,直系也可心平。

督军团在天津公推张怀芝为代表,于 6 月 15 日到北京,面谒冯国璋,请问冯能不能退而为副总统,冯表示"不为",于是冯段两人都让出了副总统的位子,这一来,曹锟就有希望出任副总统职位了。

这时徐树铮回到天津,发现陆建章在幕后进行反战活动,大怒:"如果我

不能让这个屠夫闭上臭嘴，不久，所有的督军都会起来反对我们了。”6月14日，徐树铮约陆建章到奉军驻津司令部谈军事情况，却暗中埋伏武弁，待陆建章入内，用手枪当场把他打死。段祺瑞得知徐树铮擅将陆建章枪毙，且惊且喜，便下一道令，说陆建章身为军官，竟敢到处煽惑军队，勾结土匪，现已被徐树铮拿获枪决，按照惩治盗匪条例，均应立即正法。

“前据张怀芝、倪嗣冲、陈树藩、卢永祥等，先后报称陆建章迭在安徽陕西等处，勾结土匪，煽惑军队，希图倡乱，近复在沪勾结乱党，当由国务院电饬拿办。兹据国务总理转呈，据奉军副司令徐树铮电称：陆建章由沪到津，复来营煽惑，当经拿获枪决等语。陆建章身为军官，竟敢到处煽惑军队，勾结土匪，按照惩治盗匪条例，均应立即正法。现既拿获枪决，着即褫夺军职勋位勋章，以昭法典。”

徐树铮补发了一个通电，捏造陆建章在谈话中破口大骂总统和曹督军，表示陆死有应得，并非主战主和两派的斗争。小诸葛徐树铮这年才39岁，且和陆建章的儿子陆承武是日本士官学校的同学，而陆承武的太太和徐树铮的太太也是同学，两家关系密切，只因政见不同徐树铮竟出如此毒手，令人心寒。而实际上另一个人也同样让人感到可怕，他是陆建章的外甥冯玉祥。冯在养育他的舅父被杀后，被段系任命为湘西镇守使，旅长职位也被恢复，又被授以勋四位。他就绝口不提陆案，装得就像没有这回事儿一样。

主和派陆建章被刺事件，引起主和派的极大震动。“督军团”会议拖至6月19日才正式召开。除督军团各督军和督军代表外，还加上了在广东兵败被逐出的龙济光。会议一致决定由徐世昌任下届总统，对南方继续用兵。曹锟在天津召开“督军团”会议，意在讨论撤兵主和，但会议却以主战而闭幕。曹锟翻云覆雨，忽而主战，忽而主和，令人费解。其实曹锟主战，皆与自己的利益有关。首先，曹锟仍迷恋副总统的席位。会前，徐树铮曾海誓山盟地向他表示，副总统问题保证照原约办理，决无变更。只要继续主战，可以不到汉口主持军事，让别人去打，副总统就可以到手。于是，曹锟觉得副总统已是指日可得，又像打了一针强心剂一样，振臂主战，“督军团”代表随声附和，也跟着来了一个180度的大转弯。但曹锟和徐树铮讨价还价。徐主张先南下作战，立功后送副总统之座；曹锟坚持先定下副总统归自己，再去南征，双方争持不下。

可巧张怀芝愿意赴南指挥军事，正好符合当时的需要。前次张怀芝之所以厌战，是因为怕山东老巢丢失，不料他回到山东后，真是怕什么来什么：

代理山东督军张树元既然已坐在了督军的位子上，就说什么也不肯交还，他只好揖让，这一来他便没有庙做主持了，只好向南方找地盘，因此也由主和转为主战。因为曹锟既然要当副总统，自然不愿赴南方，其他的主战的大将如张作霖、倪嗣冲等都不愿离开他们的地盘，丢失了地盘的张怀芝在北洋派中资格颇老，正好成为段对南第五期作战统帅的主要人选。虽然张不是能征惯战的良将，但总比派不知名或资格浅的人来得妥当，于是张怀芝便顺理成章地成为南征主将。张怀芝虽然余勇可贾，其实还是色厉内荏，他必须找一个打冲锋的，掰着指头数数北洋众将，能承担这一职务当之无愧的是吴佩孚。6 月 20 日张怀芝又由天津到北京来报告天津会议的决定，于是他向段祺瑞悄悄地提出这个要求，段祺瑞正欣幸他愿意披战袍，亲上前线，自然立刻答应。

为促使曹锟出兵南征，6 月 23 日，北京政府下令，委任曹锟为四川、广东、湖南、江西四省经略使，成为民国以来最大的地方官。又任张怀芝为援粤总司令，吴佩孚为援粤副总司令。

事实上，曹锟由“两湖宣抚使”一跃升为“四省经略使”，这只是皖系的一个政治骗局和权宜之计，给曹锟一个宽心丸吃吃而已。各省督军自立为王，总统、总理的命令都可以置之不理，又何况一个经略使，只是一个徒有虚名的空衔。而印铸局特地替这个新官铸了两斤多重的银质狮纽大印，比特任官的印还要大。这一来便显示曹锟的地位是在各省督军之上，也就是副总统的候补人选。表面上看起来段祺瑞是很捧曹锟，其实这是非常勉强的，段祺瑞生平自命不凡，最重资格，以前看不起协统出身的黎元洪为副总统，自然也看不起一个布贩子出身的曹锟来做副总统。况且他也吃足了武人当总统的苦头，所以找到了文人徐世昌出任总统，既然不欢喜武人为总统，则又怎会欢迎武人为副总统？曹锟在北洋派中本以“实心眼儿”出名，可是这次反反复复，证明老实人也会玩花样，段在瞧不起曹的出身之外还加上对他的不信任，决不会再搬起石头去砸自己的脚。

曹锟反复无常，瞬息万变，完全是从个人的利益角度出发。此次又回到主战的阵营，在贵为川、粤、湘、赣四省经略使后，并不像以前那样努力为皖系的“武力统一”卖命，他除了关心自己的副总统之外，其他一概不管，留在天津，躲在范园里饮酒看花，修身养性做寓公，既不南下，也不在北京，静候副总统的选举，绝口不提南下就职。段想加重他对川、粤两省军事责任，而他却好整以暇，避重就轻。

但是到7月31日，段祺瑞又在天津召开督军团会议，这次天津会议有一个特色，是张作霖亲自参加了督军团会议，其他参加的人是：曹锟、张怀芝、徐树铮、倪嗣冲、田中玉、龙济光等。长江三督仍未派代表出席。这次督军团会议决定推举徐世昌为大总统，同时建议副总统必须是对南方作战立功者。这一会议对曹锟来说如同晴天霹雳，毫无思想准备。

新加入督军团的实力派人物张作霖赞成推举徐世昌为下届总统，并且建议推段祺瑞为副总统。张作霖这时已不愿甘居人下，自己也有问鼎副总统的野心。倪嗣冲怕会议造成僵局，所以建议副总统人选暂时不作决定，留待对西南作战有殊功的人。这个建议其实是徐树铮借倪嗣冲之口提出来的，因为徐树铮原已答应过曹锟当副总统，不便自食其言，可如今张作霖入关，又是兵强马壮，徐树铮又想用副总统的位子笼络张作霖，借以鼓励张作霖把奉军全部调赴南方作战，另一方面却又以副总统为饵，引诱曹锟和他的直军继续对南作战，以挽回南方的僵局，此为一箭双雕之计也。

曹锟本来以为自己是副总统的唯一的、当仁不让的候选人，而且当时徐树铮承诺的是只要他不反对对南作战就够了，并不需要他积极南征，怎知湖南前线发生了变化，自己的大将吴佩孚却拒绝作战，且和南军订立了停战协定，而这次的天津会议却把副总统留给征南有功者，也让在旁觊觎的张作霖虎视眈眈。天津会议一致决议劝告曹锟南下立功。曹锟一方面舍不得放弃副总统位子，另一方面又接到吴佩孚密电，阻止他南下，使他真是进退两难。

不要以为老实人遇事没办法，进退两难之中的曹锟终于想出了应付之计。他一方面答应南下，一方面又提出三个条件：(一)中央预筹军费，请先发欠饷；(二)规定四省经略使职权范围；(三)军火暂由奉天借拨，并须取得德州、上海、汉阳三个兵工厂的管理权。曹锟料到北京政府对这三个条件难于接受，这样他便可借词推延南下的日期。他深深觉得自己是被骗了，因为他如果真的南下，则关外闯进来的东北虎张作霖一定乘机渗入北京政权，张作霖是他最大的威胁，有取副总统的野心，同时也是除他以外唯一的副总统人选。

其实，段祺瑞在小徐策划下召开的这次天津督军会议，不但没有达到一箭双雕的效果，反而是一石头打飞了两只鸟。在这次天津会议中讨论对南作战时，张作霖既然以“打手”姿态出现，各省军阀就主张以奉军为前方主力，以代替在前线按兵不动的直军。但是张作霖嘴上轰轰得山响，行动起来却绝不肯这么做，他建议把奉军当做各路战线的总预部队，随时应援前方，这当然遭到其他军阀的反对，这等于消耗了别人的力量，再由奉军前往接收，多年的你争我夺，早把大家都锻炼得猴精猴精的，谁肯这样干？因此这个问题大家便迁延不决，你推我赖。各省军阀在此期间，唯一一致的是向北京政府索取军饷，他们开出来的数目是1500万元。无疑，这更是让段祺瑞头痛的事情。

无奈，还得找曹锟说话。北京答复曹锟的条件说："军火将充分供给，不必管理兵工厂。"并一再电促曹锟南下，段祺瑞更屈尊派花车接他赴京详谈，但伤了心的曹三傻子竟予以拒绝。张怀芝本想和曹一同南下，见他毫无启程的意思，实在心焦，拍着他的肩膀说："老弟，我去山东一趟，你哪天南下？约个日期咱们一道儿走。"

其实，曹锟觉得自己又一次上当受骗，被皖系所愚弄，就是真的南下作战也未必能得到副总统的位子。曹锟坐镇保定，扩充军队，以南征为名要求北京政府迅速拨发军费500万元，并声称：如果军费不到，决不南下。8月～9月间，曹锟部将吴佩孚在湖南前线通电攻击段祺瑞内阁及其武力统一政策，曹锟亦暗中支持。

9月4日段祺瑞利用南北暂时停战期间，进行了总统选举，徐世昌以绝对多数当选总统。阻挠皖系"武力统一"政策的直系代总统冯国璋下台。段祺瑞暗暗松了一口气。可是好景不长，捣乱的吴佩孚继续以电报战的方式宣扬他的主和诉求，而且得到愈来愈多的人的拥护。最可气的是，9月26日，吴佩孚主笔发表了由湖南前线南北军官兵共同签署的寝电，请"冯代总统颁布停战命令，东海先生出任调人领袖，曹经略使、长江三督帅及岑、陆两总裁同担调人责任"。南北军人联合在一起的行动，这还是第一次。这个通电到达北京时，安福系的分子慌作一团，他们嚷着："吴秀才造反了！"他们以为，也许在不久的将来，吴佩孚率领的北洋精锐会与护法联军一起北上，联手演一出逼宫戏呢。

段祺瑞对吴佩孚的憎怒到了极点，可是又不能对他采取过分的行动，于是只好再回过头来拉曹锟。自徐树铮私下答应支持曹锟为副总统后，由于吴佩孚的行动，段早否定了曹的副总统，现在为了缓和吴佩孚，又旧话重提，决定支持曹锟出任副总统，以交换吴佩孚不要再反对安福国会，割断吴和西南方面"合唱""和平戏"的可能。于是，段派京师警察总监吴炳湘前往保定，向曹锟说明，即日进行副总统的选举，将以曹锟为唯一候选人。又派国务院秘书曾云沛前往奉天去见张作霖，劝他顾全大局，同意曹锟为副总统。同时

授意安福国会，不要再提关于惩办吴佩孚的一切动议。

曹锟在保定颇有两面做人难之苦。北方皖系对他误解甚深，而吴佩孚又不听话，他认为副总统已没有希望。怎知段的代表吴炳湘却带来了好消息，他真是喜出望外，马上发出两个电报，一个电报致吴佩孚，告诫他："嗣后一切行动必须请命而行。"一个电报致北方各省，表明自己态度："以此言护法，恐终不能造成法治；以此言和平，恐终不免于战祸。……国家前途，必须中央有所主持，庶几政局重新，乱源可弭。"并立马派兄弟曹锐到北京进行副总统的竞选活动，同时派另一位兄弟曹钧到奉天拉拢张作霖。

10 月 3 日安福系的国会议员举行茶会讨论选举副总统问题，众议院议长皖系大将王揖唐宣读了段祺瑞向国会推荐曹锟为副总统的信：

"燕孙、一堂议长执事：比者副总统选举，诸君应有一致之主张，祺瑞与安福诸君子本有一日之雅，敬举所知，以备参考。曹经略使督战湘中，功绩昭然，维持大局，不为异说所挠，若能当选为副总统，必能翊赞元首，尊重法律，裨益国家，区区一得，尚希鉴察及之。专此敬颂议祉。段祺瑞拜上。"

王还补充说："芝老功成不居，推贤选能，他的人格何等可钦，我们应该顺从他的意旨。"会上大家决定于 10 月 9 行进行副总统选举。

10 月 6 日安福俱乐部举行干事会议，段命徐树铮出席，再次说明推荐曹锟为副总统的原因。但是，安福系议员们却别有想法。他们认为他们选举徐世昌为大总统已经尽了义务，现在选副总统不能再尽义务。换句话说，如果要让他们投这代表全国四万万五千万民众的光荣而又神圣的一票——就要有代价！可是曹锟又不肯出钱，曹三傻子认为北京政府还欠他的军费。这一来，就苦了奉段祺瑞之命打理此事的王揖唐，经过他的多方奔走，决定由北京政府付还曹锟军费 150 万元，用这笔钱移作副总统的运动费，规定每张票 2000 元，选举当晚签发支票。

曹锟认为天下事已定，副总统本有四个人有希望竞选，是冯国璋、段祺瑞、张作霖、曹锟。冯、段已有承诺同时下野，张作霖亦自动放弃，于是只剩下曹锟一人。"治平当今天下之势，舍我其谁也。"做副总统的美梦立刻就要实现，曹锟心花怒放，盼望 10 月 9 日早些到来。

不料当这天两院议员举行副总统选举大会时，议长梁士诒在主席台上等待到达法定人数进行投票。可是出席的议员却是稀稀落落，零零散散，一点也不踊跃。秘书处打电话四方去催，也不见来，上午的会就此流产了。下午继续开会，到的人仍很少，王揖唐建议一方面把议会大门关起来，只许进不许出，一方面派军警四出拉人，以凑足法定人数。他的建议才一宣布，就看见坐在议席上的议员纷纷夺门而出，拉的人还没有来，已来的又走了大半。

为什么会这样？皖系虽然由徐树铮一手组成了安福系的国会。但除了安福系外还有交通系和研究系两个大派别。

研究系是坚决不与段系合作，他们在10月8日也开了一次会，决定选举冯国璋为副总统，反对选曹锟，如果段系一定要选曹锟，研究系就以不出席为抵制。不过研究系议员人数很少，在国会中无足轻重。但另一个素与安福系合作的交通系议员人数却不少，他们竟也和研究系采取同一立场，不出席选举会。

原来，交通系已经改变依附段祺瑞的方针，改为和徐世昌结党，他们主张不要选北洋军人，是以免西南更走极端，好让徐世昌有机会发动和平攻势。积极主张的是梁士诒，北洋部分军人认为梁是广东人，想促成南方人当副总统，可是梁士诒则说他是希望缓选副座以留待对统一和平有功之人。梁曾有函致北洋军人申述自己意见书云：

"夫主张速选者，本谓选出曹使，则北洋系固结可期。士诒忝厕北洋有年，北洋系之固结，迩年来竭力经营，未尝稍懈。然士诒爱北洋系，而尤爱国家；且爱国家，即所以爱北洋系也。夫主张速选，以固结北洋系者，惟知固结北洋系，而不知因此足令国家分裂。曷言乎足令国家分裂？今日大总统已下令劝和，全国士商，多求罢战，是和平统一已为全国心理所同趋，苟无意外之阻力发生，则和平统一，当可告成。今若速选曹使为副座，则全国士商，不免大起猜疑，将谓中央又复主战，而西南人士，必以为故表对敌之意，是使已熟之和平终于无果。此足令国家分裂理由一也。西南对于主座之个人，本是同钦共仰，惟对于主座之选举，犹以违法相攻，今若选曹使为副座则彼等必合个人与选举而并攻之，其终也必至危及主座，若是则政局愈纷，去和平统一愈远矣。此足令国家分裂之理由二也。副座未选之前，则西南犹怀或归已得之望，此望未绝，则和平统一之机尚存。若一旦选出，则此望遂绝，而彼等必自行选举，若是则南北分立之局以成，而和平统一终于无望。此足令国家分裂之理由三也。有此三理由，故士诒主张缓举为有益于时局也。"

交通系梁士诒因这一主张而和直系结怨。

选举副总统大会进行的下午，交通系议员有50余人到万牲园参加周自齐出面邀请的游园会，没有工夫参加选举，这是摆明了的不合作。安福系在选举会中集中向交通系的头目梁士诒施压力，梁士诒不得已只好写一个便

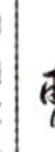

条，交给刘恩格、杜持、王印川乘坐汽车到万牲园，想把这些游园的议员请回去投票，可是这些议员们却故作闲情逸致，拒绝离开万牲园。这时王揖唐也赶了来，他坐了一部大汽车，死拉活扯，才拉了八位议员。到天黑才聚集了两院议员 88 人，凑不齐法定人数。

议员们对投票冷淡的另一原因是因为看见报载，曹锟以 10 万元纳艺人刘喜奎为"簉室"，甚为寒心，认为一个刘喜奎要值 50 个议员的身价，因此都骂曹锟悭吝。可是曹锟也有他的道理，他想：你们选我来保你们的江山，还要我掏腰包，太不公平了。选徐世昌时，一切活动费是在借款项下开支；选我的运动费却要我在我的军费中开支，更不公道，何况我已汇过 80 万，不能再拿钱了。

10 月 9 日选举副总统会流产后，又定 10 月 16 日继续选举。王揖唐知道旧交通系的拒绝合作与徐世昌态度有关，于是他邀梁士诒一同去见徐，请徐表示一个明朗态度，可是被袁克定称之为"活曹操"的徐世昌说："以我今天所处的地位，对于副总统应当速选、迟选以及选何人，都不便表示意见。"回手推了一个太极。假曹操大总统怎能让真曹操的后代当副总统坏了他的好事！

10 月 14 日，周自齐又邀了一批议员到天津去玩，把自己在英租界马场道 29 号的私宅让出来作议员总招待所，另在四家天津著名的旅馆——利顺德、交通、惠中、海城分设四个招待所。议员们陆续到天津的，约有 140 余人，他们饮酒看花，征逐花草，及时行乐，意兴盎然。当他们兴尽后，乃开了一次谈话会，准备联名推出促进南北和平，推迟副总统的选举两项建议。而交通系领袖梁士诒也在北平正式表示，如果选举北方人为副总统，则南北和平，遥遥无期。

10 月 15 日在北京等得急不可耐的王揖唐派安福系"大将"议员克希克图偕同八名孔武有力的议员，乘坐专车到天津来绑议员的"票"。王揖唐从他在天津的私邸派出一批家丁，分乘八辆汽车开到天津的新火车站，等待肉票一到，就立刻押上开往北京的专车。

克希克图一行分乘四部汽车，先到四家招待议员住的旅馆中去找"逃兵"，可是四批都扑了个空，在四家旅馆中，竟然一个议员也没有找到。问旅馆中人可知他们去了哪里？旅馆中人都回答说不知道。于是四批人都集中在一块，克希克图再下命令，直奔英租界马场道 29 号周自齐私邸，结果也同样扑了个空。他们带着失望的心情漫无目的地在街上寻找，果然碰到一位议员在劝业场买东西，于是一把扭住他，软骗硬逼，终于打听出周自齐正带着全体议员在南市三不管地界的妓院里吃花酒，而这位不幸的议员因为怕太太，不敢进妓院，溜了出来在马路上漫游，不料被克希克图等抓到。

于是克希克图集中人马，直奔南市妓院，这些议员们正“倚红偎翠”，在温柔乡中享受，不料祸从天降。克希克图率领孔武有力的议员以及雄赳赳气昂昂的打手冲进妓院，这时已是15日深夜三点半钟，他们不问三七二十一，只说奉了王议长命，请各位上车，就像老鹰抓小鸡一样，死拉活扯，被绑票的议员则乱嚷乱叫，天津警察误以为真的发生了绑票，喝令停车检查，直到押车的议员缴验议员证章，才让车子开行。

被绑票的议员们要求先回旅馆拿行李，也不被绑架的议员允许，一个个送上火车，火车已升火待发，议员们一上火车车就开了，可是因为黑夜漫漫，很多议员在火车站混乱中溜脱，有些议员到了北京车站，躲到厕所间不出来，仍乘原班火车回到天津。

10月16日，王揖唐又在北京派出汽车多辆，分途去抓议员到会投票，警察总监吴炳湘也派出武装警察在西城放哨，禁止议员离开会场。可是如此绑票和拉人，到会的议员仍然是少得很，两院议员到者仅88人。这一幕副总统选举仍然流产。

安福系还想对梁士诒施压力，梁士诒有徐世昌做后台，根本不吃这一套，态度非常强硬，他表示如果安福系仍然强压和不择手段进行副总统的选举，他就辞了参议院议长以为杯葛。安福系不愿事情闹得太大，就去请示段祺瑞，段认为对曹的竞选副总统已经尽了最大努力，既然人力不能挽回，但求于心无愧，乃决定不再进行这种徒劳无功的选举。

安福系领袖王揖唐觉得自己很丢脸，就托病到汤山休养。曹锟煮熟的鸭子又飞了，也觉太扫兴。俗话说，许死人，想死人，段祺瑞把一个能当副总统的热火罐儿塞给曹锟，曹锟认认真真地把这个热火罐儿孵小鸡似的在自个儿的怀里足足揣了两年。如今，火罐儿凉了，美梦醒了，他也病了一场。

整个北洋政府都觉得太对不起“老实人”曹三哥了。徐世昌就任大总统时，曾下令授给曹锟一等大绥嘉禾章，曹锟予以拒绝。原来是总统府铨叙局出了差错，没有查明曹锟早已得过这种勋章，而要再颁一次。为了补救这次错误，徐就改授曹以九狮纽宝光金刀一柄，刀上嵌有钻石三颗，珍珠九颗，软钢制造，可以伸展自如。

曹锟颇为冷淡地接受了这一稀世珍宝，同时还表示，自己对名利已经淡漠，暗示皖系自己不再想做副总统，皖系也不要用这一诱饵来诱惑和要挟他。

第九章 战前风云

直系头子冯国璋代总统任期一年已满，理应卸职另选。段祺瑞皖系军阀的“合法倒冯”闹剧便又紧锣密鼓。大总统改选之前，段祺瑞为排斥冯国璋，操纵新国会的选举，派政客王揖唐组织安福俱乐部。不久，皖系一手经办的安福系议员为主体的新国会在北京开幕。安福国会以安福系的王揖唐、刘恩格为众议院正副议长，接近安福系的梁士诒、朱启钤为参议院正副议长。

1918 年 11 月 13 日，一次世界大战结束，中华门前庆典彩牌楼。中间牌楼上 4 杆旗帜：右一是美国旗、右二是中国五色旗，这就是当时所说的“挽百年失败，与美英法并驾齐驱”。

冯国璋感到欲连任总统不可能，但他也不愿让段祺瑞登上总统宝座，便暗中唆使同党设法阻段。长江三督李纯、王占元、陈光远及吴佩孚，隐承冯意，一再通电主和斥战，南方政府通电支持。段祺瑞感到南方未平，而北洋派内部又如此分裂，若把冯国璋逼下台，岂肯甘休？于是他决定不谋下届总统职位。最后采取折中办法，让比较超脱的徐世昌出来任总统，冯、段两人愿一起下野。

冯、段同时下野了。段祺瑞名义上不做总理，当个参战督办，但照旧在幕后操纵政局。而冯国璋在与段祺瑞的斗法中彻底失败了，冯国璋为了殉"和平混一"的"道义"，在政治上一败涂地，最后只剩下了长江三督权充羽翼，安徽倪嗣冲、山东张怀芝、福建李厚基、陕西陈树藩、甘肃张广建、浙江卢永祥、湖南张敬尧等均完全倒向段祺瑞，直隶曹锟等也一度反冯而从段。但是，冯国璋对曹锟并未深责，他以直隶同乡的名义与之结纳，不久，冯回到老家河间，不再出山，随之病亡。

1918年11月13日，参议院院长梁士诒与各国外交官。

徐世昌上台之后，全国人民反对本国军阀混战，反对日本帝国主义侵略中国的浪潮日益高涨。同时，第一次世界大战已经结束，西方帝国主义把贪婪的目光又投射到中国。不久，美、英、法、意、日五国联合向中国提出南北和平统一的劝告，表面上希望中国迅速召开南北和议，结束国内战争，达到和平统一，实际上却是反对日本所竭力支持的段祺瑞的"武力统一"政策，反对日本独霸中国。在这种形势下，由于西方帝国主义的支持，徐世昌的"和平混一"占了上风，暂时达到了表面的统一。这时段祺瑞迫于形势表面赞成和平，但私下里仍积极筹划"武力统一"。徐世昌虽然暂时得胜，但他只是一个赤手空拳的文人总统，北京政府仍然控制在段祺瑞的手中。新内

阁总理钱能训虽然上台，只是一个徒有虚名的挂牌总理，内阁原班人马未动，仍是段祺瑞的势力掌权。段祺瑞虽既不是总统，也不是总理，但他在政治上有安福国会为工具，军事上有参战督办官衔，掌握军事调动、指挥权，又有各省皖系军阀作他的强大后盾，同时还有自己亲自指挥的私人武装“参战军”3 个师 4 个混成旅的兵力，这些足以使段祺瑞有恃无恐，并不把徐世昌这位新总统放在眼里。

段祺瑞对日大举外债，使全国人民愤怒不已。当时一战结束，巴黎和会上，外交的屈辱消息接踵而至，又无不与日本相关，因此“五四”运动将亲日的政府视为众矢之的。段祺瑞十分厌恶此类学生运动，主张严办。徐世昌则对学生的表现表示理解，对段祺瑞主张严办的请示采取了“拖”字诀，且支持外交代表团不在和约上签字。在政治上，段祺瑞又输了一笔。

1918 年 11 月 14 日，庆祝一战结束，童子军的游行队伍。

段祺瑞主张严办学生，话说得很轻松。但是吴佩孚在湖南发出的通电，在他听来，却比学生的呐喊可怕多了。吴佩孚不仅是北洋系军事上的后起之秀，就政治上的清醒而言，也在北洋一枝独秀。他不仅大力搭救被捕学生，还给徐树铮等人拍电报，痛斥曹汝霖、章宗祥、陆宗舆的卖国行径。他的电报抛出自己的政治理想，即取消《中日密约》、召开国民大会、反对签字和

1918 年 11 月 14 日，参加游行的学生军乐队。

1918 年 11 月 14 日，基督教青年会学生的游行队伍。

1918 年 11 月 28 日，参加阅兵庆典的外交使团。

约、敦促南北和谈等。一时之间，国人视吴佩孚为民族救星，而在段祺瑞看来，吴却是不折不扣的叛徒。

段祺瑞的政治资本被吴佩孚骂掉许多，但他却不敢将吴佩孚如何。首先，吴佩孚身处前线，若激怒了他，只怕他会开关延敌；其次，吴佩孚和曹锟不分彼此，而曹锟近在肘腋，在天津的冯国璋与曹锟也暗通消息；最后，段祺瑞自己的左膀右臂靳云鹏和徐树铮之间有矛盾，徐树铮要惩罚吴佩孚，而曹锟的换帖兄弟靳云鹏却抛出"软化曹吴"的主张。因此，段祺瑞这样一个声色俱厉之人，却不得不对吴佩孚这个无名小辈忍气吞声，先是让靳云鹏取代龚心湛任国务总理，又一度想用湖南督军的职位来贿赂吴佩孚。不过话说回来，吴佩孚还是给他了三分薄面，毕竟没有骂到他本人！可是，倪嗣冲、张树元等仍强烈要求惩罚吴佩孚，他正在犹疑之间，不料吴佩孚竟然主动示好，拍电报恭贺靳云鹏荣任总理，于是大家在面子上扯平了。他知道嘴上功夫不算什么，要紧的还是实力，因此更加抓紧编练他的边防军。

冯国璋下台之后，曹锟便成为直系的显赫人物，他的举手投足将会对北京政府产生很大的影响。因此，不但段祺瑞拉拢他，就是新任总统徐世昌也不得不想方设法利用他。

冯国璋死后,曹锟被奉为直系首领,原来风云一时的长江三督也唯曹马首是瞻。曹锟之高踞直系首席,得力于他的爱将——北洋后起之秀吴佩孚。吴虽是一名师长,可是一举手一投足,一言一行都引起全国的注意。他在湖南,始而驱兵疾进,所向无敌。继而陈兵不战,通电主和。他能把握时局中心,善为运用,争取广大人民的同情与支持。由于他能做能唱,使南北军人对他都刮目相看。曹锟是他的嫡亲长官,这样一来,水涨船高,曹锟依靠部下吴佩孚的力量使自己成为直系名至实归的领袖。

曹锟自从副总统的美梦完全化为泡影之后,对段祺瑞的一切幻想也随之消失。他对段祺瑞的态度也变坏了。曹锟之所以与段祺瑞为敌有三个原因:一是曹锟驻节保定,离北京太近,卧榻之畔岂容他人酣睡;二是曹锟的力量已足够对抗段祺瑞;三是曹锟身边那个诸葛亮式的人物吴佩孚,要贯彻自己的政治理想。

曹锟深切感到,段祺瑞仍然操纵北京政权,势力不断扩大,加之徐树铮总在对他的直隶地盘垂涎窥伺,几欲剥夺,势必造成自己的地位岌岌可危,逐渐由暗中支持吴佩孚反对皖系变为直接出面交涉。1918年6月,段祺瑞的“参战军”更名为“边防军”之后,发展到3个师4个混成旅。徐树铮的西北筹边使做得有声有色,公然以“西北王”自居,想与“东北王”张作霖分庭抗礼,这就引起了张作霖的极大反感,而且是逼迫着张作霖去联合直系。曹锟和张作霖在北方的军阀中兵力最多,地位最高,实力最雄厚,不少军阀都要看他们的眼色行事。本来两人相互争雄,并不融洽,但段祺瑞在北洋派以外另建自己的武装,扩张野心,路人皆知,给曹、张带来一定压力。

大总统徐世昌发表演讲,右一陆军总长靳云鹏,右二国务总理钱能训。

段祺瑞的亲信徐树铮，一向以专横跋扈著称，自有了边防军这支武装，更加有恃无恐，为所欲为。这个徐树铮，他曾杀害过直系的幕后军师陆建章，曾拉拢过张的部下孙烈臣，也曾着意勾引曹的爱将吴佩孚，在张作霖和曹锟心目中认为："此人万万不可得志，此人若得志，吾辈将无噍类矣。"由于共同的利害关系，曹、张二人开始联合起来对付皖系。

1918 年 11 月 28 日，太和殿前参加检阅的士兵。

1919 年秋冬之际，在曹锟的暗中活动和串联之下，形成了直隶、江苏、湖北、江西四省和奉天、吉林、黑龙江东三省共计七省的反皖联盟。七省联盟得到徐世昌精神上的支持和鼓励。徐世昌在袁世凯在世时，就认定徐树铮是个可怕人物，这两位本家一直就没有相好过。有一件事可以证明，1919 年 9 月间，曹、张两人竭力推戴靳云鹏组阁，靳也是段的亲信，但靳反对小徐，因此，靳不但得到曹、张的支持，也得到徐世昌的支持。

七省同盟开始时并不反对段，他们的口号是"清君侧"，就是反对段身边的徐树铮。他们希望段祺瑞能够接受忠言，"亲君子而远小人"。所谓"小人"就是指徐树铮。

而段祺瑞呢？他不能因外来的压力就摆脱徐树铮，政治结合有时很脆弱，有时也很坚硬，老段和小徐就是无法分开的，因为段的新"边防军"就是小徐一手建立，同时抓在小徐手中的，而皖系的安福国会也是小徐一手包办并加以控制的，如果去掉徐树铮，就是解除了自己的武装，置身于无权的地位，任直、奉两系的宰割。曹锟、张作霖的这套阴谋手法也是段祺瑞一贯采用的，如何能上当受骗？何况段祺瑞仍深信徐树铮对自己忠心耿耿，岂能“自毁长城”。段祺瑞毅然地拒绝了七省联盟的清君侧要求。于是局势就恶化到不可收拾，因为七省联盟的目的达不到，只好走极端，进一步准备实行“兵谏”计划。

《公理战胜》牌坊。

直皖战争爆发前，曹锟这个老好人还一度想避免战争，可吴佩孚非打不可，他也莫可奈何！

曹锟与吴佩孚一北一南互相呼应配合，准备与皖系决一雌雄。同时，积极拉拢奉系张作霖，共同对付段祺瑞。

七省联盟中充当倒段兵谏先锋的角色又落到吴佩孚头上。吴佩孚也不复作口舌之争，要有一个实际行动者，吴佩孚的第一步行动就是直接要求撤防班师，北上御日。吴在1919年秋天一再电请撤防北归，北京政府置之不理。段祺瑞知道吴佩孚是名将之具，在前线足以御敌，回北方则必然给自己造成威胁，于是任凭吴佩孚一而再、再而三地电请，他只管来个充耳不闻。但无论中央政府怎样，吴佩孚就是积极准备从湖南撤军北归。

1920年1月17日，曹锟转到北京一封吴佩孚坚决请求撤防的电报，电

报首先说："于役湘省，两载于兹，迭请撤防，未承允准。"接下去就强调直军全体将士久戍思归，和积欠军饷的困苦情况。最后则沉痛地说："北望叩首，涕泣哀恳。"吴这电报是先发给曹锟，请曹代转，曹锟则嫌吴电报太平淡，又在电尾加了两句："战死者既作泉下之游魂，生存者又作异乡之饿莩。"北京政府接到曹的电报，徐世昌不开口，靳云鹏则向段祺瑞请示，段也一言不发，于是靳云鹏也只好闭口不言。

1月30日，南方军政府秘密接济吴佩孚开拔费60万元，先付30万，其余30万留待开拔时付清。从2月底开始，吴佩孚派人将直军官佐的家眷700余人护送北归。并发布撤退布告，禁止士兵随意请假、离队，以备随时北撤。曹锟从保定向北京政府连发6封电报，要求下回防令。段祺瑞以陆军部的名义命令吴佩孚，在中央未有明令之前，不得自由行动。

直军撤防北归，南军可以随时随地北伐进攻，这样就会使段祺瑞的"武力统一"政策破产，对皖系来说，这是极严重的事情；同时直军北归对控制北京政权的皖系也是一个致命的威胁。段祺瑞决定阻止吴军北归。

2月中旬，段指使河南部分军人反对河南督军赵倜，又借口赵倜纵容他的兄弟赵杰卖官鬻爵，引起民愤，逼迫靳云鹏撤换赵倜。赵倜在河南不得人心，这是事实，可是段祺瑞采取这一行动，完全是假公济私。他很重视河南这块地盘，因为吴军撤防北上，河南是必经之地，赵倜所指挥的部队"宏威军"本属淮军姜桂题系统，兵力虽多，却不见得听皖系的指挥。因此段祺瑞拟派内亲长江上游警备总司令吴光新继任河南督军，并派安福系众议院秘书王印川继任河南省长。段一面催促靳内阁发布易督的人事命令，一面密令吴光新将长江上游的警备军迅速开到信阳，与河南内部的反赵军联合行动。这一来，把赵倜迫上梁山了。赵倜在直皖两系斗争中本是采取中立态度，现在为了自生存问题，只能参加反段阵线，当他获悉段祺瑞派吴光新来吞吃河南，便调赵杰和常得胜等部集中京汉路南段，准备以牙还牙，采取抵抗行动。

2月23日，吴佩孚发表漾电，反对更动豫督，他的言辞很激动：

"疆吏非一家之私产，政权非一系之营业。安福跳梁，政纲解纽，穷凶极恶，罄竹难书，稍有血气，咸不欲与共戴天。……吴光新现为长江上游总司令，何又得陇望蜀？似此野心勃勃，不夺不餍。法纪荡然，人人自危。……政府近年来举措设施，无一不违反民意，全国所痛绝者则保障之，全国所景慕者则排挤之。顺我者存，逆我者亡。举满清所不敢为、项城所不肯为者，而政府悍然为之！曾亦思武力权威，较满清、项城为何如？全国之大，能否为一系所盘踞；疆吏之多，能否尽为一党所居奇；兆民之众，能否尽为一人所鞭笞！以若所为，求若所欲，徒见其心劳而日拙也。……恳我总统、总理勿为安福所利用，立饬吴光新军队仍回原防，并宣示决不轻易赵督，以弭战祸。”

赵倜本与吴佩孚毫无关联，现在吴却为他声援，他内心自然对吴感激涕零，因此，3 月 4 日赵有支电响应吴，有“昨得吴师长电，传诵欲涕”之句。其实吴并不是有爱于赵，只是怕段的嫡系拿到河南，自己北归的路就受阻了。

2 月 26 日北京国务会议通过了任命吴光新为河南督军，王印川为河南省长案。内阁送请总统盖印时，徐世昌只同意改派河南省长而不同意更换河南督军。他自称久居卫辉，也算得是一个河南父老，绝不允许因更动督军而使河南人民惨遭战祸。

靳云鹏把徐世昌反对河南易督的态度报告段祺瑞，段大为光火，当面骂靳：“没有用的东西，你怎么当的国务总理？”

1919 年，北京，老虎服。每逢端午节，父母都给小男孩穿戴上象征吉祥、健康的虎装，系上长命锁，祈求孩子长命百岁。

靳云鹏这时处境最倒霉，他出身皖系，老段是他的靠山，到了他身为总理，一人之下万人之上时，局势的演变使他身不由己，和皖系竟不能相始终。2 月 29 日，靳又提出辞呈。

3 月 1 日安福系又一次发动倒阁，并电请王揖唐迅速回京主持这个运动。这时安福系为了拉拢徐世昌，表示可以同意徐世昌所提周树模来组阁，徐树铮也郑重地向老徐表示：“如果周朴老组阁，树铮愿意担任陆军总长，帮助总统办事。”周树模字少朴，别号沉观老人，北洋人物都称之为朴老。过去徐世昌提周树模组阁，安福系坚决反对，现在为了要推翻靳云鹏，所以愿意接受徐世昌的人选。当时如果周树模组

阁,陆军总长人选很困难,因为靳云鹏是自兼陆军总长,如果他的内阁垮台,靳自然不会继续留任,如果段系大将徐树铮出任新内阁的陆军总长,就表示这个新内阁并不是空中楼阁。

3月3日,安福系为了倒阁,该系所属的三位总长——财政总长李思浩、交通总长曾毓隽、司法总长朱深相约不出席国务会议。第二天更以联合辞职来达到倒阁的目的。这时安福系攻击靳云鹏的罪状之一,是说靳签订了中日军事协定,是个忘恩负义的卖国贼。皖系和安福系是一体的,他们既然发动倒阁,等于正式把跟在段祺瑞鞍前马后奋斗了几十年的靳云鹏排斥于皖系大门之外。更妙的是,靳也有他的后盾,他得到以曹锟、张作霖为首的八省督军支持,他们纷纷电请靳继续留任阁揆,愿为其后援,徐世昌也表示坚决挽留靳内阁的态度。段祺瑞面对这巨大的反对力量,也只好勉强地表示挽留靳内阁,同时同意把河南易督问题暂缓处理。

3月4日靳云鹏回到国务院继续办公,段命令安福系的三位总长也取消辞职的表示和靳内阁合作。

民国初年的火车站

这一天河南督军赵倜发表通电响应吴佩孚，表示赵倜已公开地倒向直系一边，并且加入了七省联盟，七省联盟已经扩大为八省联盟了。由于这一个转变，赵倜似乎是有恃而无恐。北京政府也不得不向曹锟、张作霖等提供不更换河南督军的诺言。而曹锟也就替赵倜调兵遣将一事作一番解释。他的解释很有趣，他说豫督调集军队乃为了裁兵起见，今者明令既颁，自当调回原防。赵倜也向北京政府保证：豫省边界军队调集内部，系各团体之主张，俟大局稍定，当将各军撤回原防。

八省联盟的声势大，一出马就打了一次胜仗，使靳云鹏内阁不被安福系所推翻，使河南易督的人事命令无效。吴光新的豫督又告落空。他的怨气完全集中在吴佩孚身上。3 月 20 日他有鄂电痛骂吴佩孚："偏裨后辈，事理糊涂，屡为出位之言，不量身份，妄自尊大，显系别有阴谋，意存挑拨。"

斗败了的段祺瑞，又祭起选曹锟当副总统的法宝，用副总统为饵，作政治交易。过去本有推曹锟的酝酿，所以在 3 月上旬，他便授意安福系补选曹为副总统，用曹锟来阻止吴佩孚撤防，以挽救直军撤防所造成的严重政治危机。但曹锟对副总统早已不感兴趣，已吃够了苦头，不想再为皖系所利用，不为所动。而且，他现在已是整个直系的老大了，早就今非昔比了。他私下里说："要当就当正的，当个副总统有嘛劲？"同时曹锟又授意七省督军告诉本省籍议员不得出席副总统选举，安福国会虽开会要选举副总统，却又流产了。

国务总理钱能训。

1920 年 3 月 27 日，奉系军阀张作霖假做寿为名，邀请反皖同盟各省督军代表密会，商讨对策，决定三点：

（一）拥靳云鹏留任国务总理，不反对段祺瑞。

（二）安福系卖国祸国，应予解散。

（三）安徽督军倪嗣冲久病不能视事，推荐张勋为安徽督军（张勋是张作霖的亲家）。

4 月 8 日，到沈阳祝张作霖寿的各省督军代表加上张作霖的代表在沈阳会议结束后一同来到曹锟的大本营保定，名义上是参加保定举行的追悼直军阵亡将士会，实际是应曹之召参加保定

会议，保定会议与沈阳会议大同小异，也决定了三点：

（一）拥靳云鹏留任国务总理，不反对段祺瑞。

（二）赞成直军撤防北归，但须责成吴佩孚与南军有一默契，保证直军撤退后，南军不乘机前进。

（三）宣布安福系卖国祸国的罪状，勒令解散。

从沈阳会议的决定和保定会议的决定，可以看出奉系和直系虽然联盟，但在各自利益上并不互相支持。张作霖想支持其亲家张勋重回安徽，为自己树立新的力量，曹锟则关心直军撤防问题。

4月中旬，皖系以攻为守，组织鲁、皖、闽、浙、湘、晋、陕、甘、察、热、绥十一省联盟，作为反直"统一战线"。5月17日，段祺瑞召集亲信，召开了紧急"团河会议"，会议决定逼迫徐世昌电嘱曹锟阻止吴佩孚撤防。同时还作了军事部署和安排。徐世昌得知段祺瑞召开"团河会议"，担心段祺瑞再耍什么花样，加剧时局艰难，便不顾段祺瑞的反对，立即下令允准吴佩孚撤防。5月18日，吴佩孚接到曹锟转来的允准撤防的命令后，于20日通电撤防北归，并开始行动。25日吴佩孚率全军撤出湘南防地，乘船至株洲后，再水陆兼程，全速向北挺进。吴军唱着吴佩孚创作的富有民族主义精神的《满江红·登蓬莱阁歌》，一路过长沙、武汉、郑州而回到保定，段祺瑞在路上设置的人马无人敢撄其锋。曹锟和吴佩孚会合后，先是占据京汉铁路各据点，又虎视眈眈，大有直噬京师之意。

吴当时写有《回防途次》诗：

行行重行行，曰归复曰归。江南草木长，众鸟亦飞飞。忆昔赴戎机，长途雨雪霏。整旅来湘浦，万里振天威。孰意辇毂下，妖孽乱京畿。虺蛇思吞象，投鞭欲断淝。我今定归期，天下一戎衣。舳舻连千里，旌旗蔽四围。春满潇湘路，杨柳正依依。和风送归鸟，绿草映晴晖。少年惜春华，胜日斗芳菲。来路作归程，风景仍依稀。周公徂东山，忧谗亦畏讥。军中名将老，江上昔人非。建树须及时，动静宜见几。何日摧狂虏，发扬见国威。不问个人瘦，惟期天下肥。丈夫贵兼济，功德乃巍巍。江上送归舟，风急不停挥。得遂击楫志，青史有光辉。春日雁北向，万里动芳徽。鸿渐磐石愿，衎衎不啼饥。止戈以为武，烽烟思郊圻。同仇复同仇，归愿莫相违。

1920 年北京慈明庵施粥厂。

段祺瑞大惊，忙召远在外蒙古库伦的徐树铮返京。

段祺瑞认为，吴佩孚撤防北归，无异于放虎归山，便与徐树铮密议阻击。密电张敬尧迎头截击，准备将直军消灭在洞庭湖内。但由于张敬尧退守岳阳后，内部矛盾重重，未敢单独行动向直军开战。

直军撤回中原后，借口原驻营址被他军占据，不得已暂驻郑州，以待让出营盘，再撤回原地。郑州为军事要地，直军占据郑州，实为占据有利地点作为军事基地，积极备战，组织反皖。奉军为了策应直军，也暗中调兵遣将，将部队化整为零，陆续入关。6 月 10 日驻独流镇的奉军四营，经过天津开往廊坊。曹锟也于 6 月 10 日派兵监视德州兵工厂，并以德州为直军右翼的前哨阵地。直、奉两系联盟，在军事上形成了对皖系的夹击之势。从此，直、皖在北京的对峙进入了新的历史阶段。

6 月 15 日，吴佩孚偕同 3 个混成旅的旅长回到保定，与曹锟一起同江苏、奉天等省代表举行军事会议。这是一次秘密的，却是极重要的军事会议。

直系军阀自冯国璋死后，曹锟成为新直系的领袖，又有“后起之秀”吴佩孚在直系阵营中崛起，原来风云一时的长江三督，也都唯曹锟的马首是瞻。因此，直、苏、鄂、赣四省是直系的势力范围。羽毛丰满的奉系军阀张作霖与直系结盟共同反对皖系，奉系有东北三省地盘；河南督军赵倜完全倒向直系一边，曹、张向他许下河南不易督的诺言，他更是有恃无恐了。这样直奉便有八省同盟。徐世昌也因为和段的矛盾，不满徐树铮，而成为八省联盟的支持者。

面对直、奉咄咄逼人的攻势，段祺瑞决定兵戎相见，以武力对抗直系。

当时的皖系军队已有11个师、17个混成旅。兵员总数已大大超过直系。

段祺瑞也开始进行战前布置，他密令驻守济南的边防军第2师师长马良做好动员准备，俟机北向进攻德州，或者西向侧击郑州。为了准备打仗，皖系积极筹措战费，由安福系的交通总长曾毓隽，以京绥路为抵押，向日本借款500万元作为战费，日本方面本已考虑答应，因为在中国内争上，日本是倾向皖系的，著名的亲日派曹汝霖、章宗祥、陆宗舆都是皖系，日本当然希望皖系得势。可是这个时候，日本已不能像欧战期间那么方便，可以在亚洲尤其是中国为所欲为，因为美英已经联合起来在中国问题上采取强硬的立场，对日本采取监视态度，不让日本独占中国利益。因此日本的一举一动都有美英在扯后腿。所以皖系以京绥路向日本押借500万元，由于美英两国出面干涉而作罢。

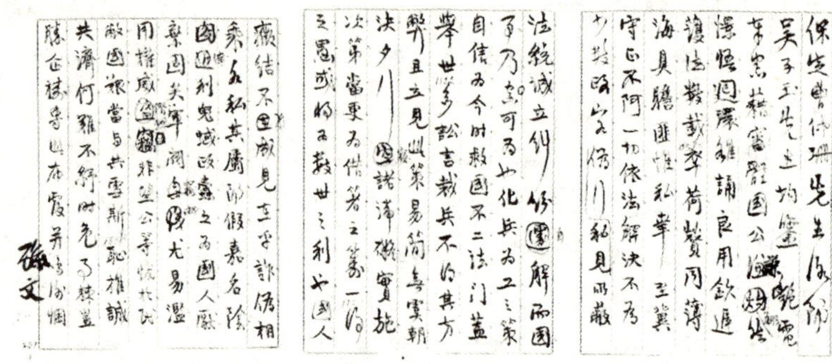

民国九年(一九二〇年)十一月三日孙中山先生致曹锟、吴佩孚主张化兵为工电。

皖系军阀段祺瑞虽然外有日本帝国主义的支持，内有各省皖系军阀为其政治资本，但有两个因素成为皖系的致命伤，一个是主张武力统一，发动南北战争，在全国人心盼望和平统一的时候，内战是不得人同情的。一个是亲日，当时全国人心都痛恨日本侵略者得寸进尺，尤其在欧战期间趁火打劫，企图独吞山东，所以凡属中国人莫不反日，皖系独倚亲日为外交奥援，更是大失人心，它所建立的军事独裁政府早已处在风雨飘摇之中。

至于在军事布置上，皖系也居于不利的地位，驻防洛阳的西北边防军，处于郑州直军与潼关奉军之间；驻防信阳的皖军吴光新部，也是处于河南、湖北两省直军夹击态势中；而在廊坊的西北边防军，也在奉军监视之下。

将领方面，不得人缘的徐树铮一直是其他军阀的群矢之的，可以说段祺瑞因为信赖徐树铮一个，而导致直奉两系联合抗皖。皖系的其他大将呢，张敬尧为祸三湘，正让湖南乡亲赶得狼狈逃窜；马良残杀抗日的爱国分子；傅良佐、吴光新都非将才；倪嗣冲则在重病中，神志不清；段芝贵只是袁世凯的宠儿，说大话行，经不起考验，上不了战场。皖系的将领简直拿不出一个过硬的人物来，数来数去还是只有徐树铮像样，段祺瑞在重要关头真的离不开徐。

局势一天比一天紧张。6月16日曹锟电请解除川、粤、湘、赣四省经略使之职。

徐世昌

6月17日徐树铮由库伦返抵北京，暂时放弃他“西北王”的事业。段祺瑞心中为之一宽。虽然战争的阴影已经到了“和平的最后五分钟”，各方都尽量寻求一个能避免战争的解决方案，徐世昌还是想尽力挽救危局。由参谋部陆军办公处于6月7日、14日18日发电三次，电召直隶、奉天、江苏三省督军进京开会，这也正是令段祺瑞最忌惮的三个地方实力派。直隶曹锟当然不会身入虎穴，借口直军吴师回防，须加布置，所以无法分身。江苏李纯则托言生病告假婉辞，只有奉天张作霖来了。18日晚北京政府接奉天电报，张作霖已应召入关。19日张作霖抵京，这是北京的一件大事，所有要人都到车站迎接，其威风不减三年前他的亲家张勋带兵入京的盛况。安福系为了讨好这位关外王，由曾毓隽负责在奉天会馆大兴土木，粉饰一新，作为这位新贵的行馆。张作霖不仅来了，还慨然以鲁仲连自居，

张下车后，表示此次入京有三项目的：(一)为助靳云鹏重任阁揆，(二)为征询和局现况若何，(三)为将来裁兵与废督问题。不过这当然是表面文章。他先谒徐世昌，次访靳云鹏，后访段祺瑞。段祺瑞一向态度倨傲，可是这回对待以“和事佬”姿态出现的张作霖，也很和蔼可亲。张对段则十分恭顺。他满面春风地表示此行是以“第三者”的地位来说几句公道话。其实，

张作霖兵精粮足，早有觊觎关内的心事。张作霖并未在奉天会馆下榻，而径赴北京的奉军司令部休息，并以司令部为行馆。

这一天，徐树铮和安福系的主要人物在曾毓隽私邸举行会议，研究当前局势，大家一致认为张作霖肯到北京来，至少表示奉军不会附从直系，因此直系似乎有所顾忌而不致走向兵戎相见之途，如果能促成张作霖守中立，就不怕和直系一战。所以决定要争取张作霖，当然争取张是需要代价的，于是决定以副总统一席来交换张作霖在直皖冲突中中立。可是张作霖真的心意是什么，他们无法了解，从张不接受曾毓隽的邀请，到奉天会馆下榻，便可以看出他对安福系很冷淡。20日徐树铮去见张，张竟飨以闭门羹。

不止如此，张作霖向徐世昌提出解决危局的先决条件竟然是靳云鹏复职和撤换安福系三总长。

老狐狸徐世昌的答复是："仲珊（曹锟号）来了总好谈，请兄赴保定去劝劝他。"张作霖欣然答允。

22日，张作霖偕同李纯的代表江苏督署参谋长何恩溥、陈光远的代表江西督署参谋长李竟成及北方各督代表多人前赴保定，于是时局的重心顿然由北京移到保定。当天他们在保定举行会议，吴佩孚发言最为激烈，经过反复讨论，提出了解决局势的六项条件，请张带回北京：

（1）解散安福系。

（2）靳云鹏复职。

（3）撤换北方议和总代表王揖唐。

（4）罢免安福系三总长。

（5）撤销边防军，改编后归陆军部直辖。

（6）徐树铮免职。

曹锟和张作霖都觉得条件似乎过于苛刻，因此把第六项徐树铮免职取消，六款改为五款，请张作霖带至北京，与当局磋商。

张作霖带着保定方面的条件，于23日由保定返抵北京，段祺瑞当晚在团河的行馆设晚宴款待，段向张表示：自己并没有政治野心，并不想当副总统，且愿意支持一位可以合作的北京以外的人士担任副总统，这等于暗示可以支持张作霖当副总统。张作霖则表示自己一向服从"督办"的态度。这顿晚餐，开始时的气氛很和谐，于是谈话渐渐引入张作霖保定之行，张便把保定会议的五项条件提了出来，段对于解除徐树铮的兵权，就是撤销边防军一条认为有困难。对于撤换安福系三总长，却可以商量，不过要求保证不要追查交通部和财政部的账目。原来这两部因为支持安福系，所以挪用了许多公款，如果追查起来，麻烦可就大了，所以段表示如果保证继任者不追查这些账目，便可以叫他们辞职下台。这晚上就谈到此为止。

此后一连三天，大家在幕后磋商。26 日张作霖忍耐不住了，乃吩咐路局替他预备专车，以便离京，他这一姿态果然把段祺瑞吓住了。27 日段亲自到奉军司令部来见张，挽留他不要离京，段表示靳云鹏坚决不肯复任总理，这一来内阁势必改组，全班人马都需要调动，所以安福系三总长自然随之下台，不过新内阁中，至少交通总长要保留，这是讨价还价。

张作霖曾和靳云鹏密谈，靳表示自身属于段派，而政局的微妙，使自己置身于极困难地位，因此若再留任国务总理，必无良好结果，因此拜托张作霖不要再挽留他。张了解靳的处境，决心放弃挽留靳任阁揆的努力，因靳的去职，三总长自然也跟靳去职，则这一问题便可解决了。

于是内阁问题又集中到新阁揆人选，一致认为周树模组阁的可能性最大。

徐世昌知道直皖火并已迫在眉睫，决心促成这场战争，用战争根除皖系在中央的势力。6 月 27 日，他在公府召见段祺瑞和张作霖，提出一个调停方案：请安福系三总长退出内阁，徐树铮免去西北筹边使和西北边防军总司令，委为远威将军。内阁由周树模担任总理，靳云鹏继续留任陆军总长。这一天段祺瑞说话最少，对这个方案也没有表示反对。

第二天段召集安福系重要人物讨论徐世昌的方案，徐树铮等这时为了自身生存问题，坚决主张采取强硬态度，不应过分示弱，三总长亦不应退出内阁，最大让步只能接受把西北边防军改归边防督办直辖，徐树铮仍留任西北筹边使。小徐用挑拨的口吻说："如果超过这个限度，就是不替督办留余地，而我辈今后也抬不起头来了。"

段静听他左右的意见，闭目凝思，他是个意气用事的人，听了小徐这番话，立刻把桌子一拍，气鼓鼓地说："对，我们不能再退一步了。他们欺人太甚。"

张作霖听说段态度转趋强硬，便又跑到团河来向段告辞。可是这次段却变了脸，不待张开口便咆哮地说："吴佩孚区区一师长，公然要挟罢免边防大员，此风一开，中央政府威信何在？徐树铮不费一枪一弹收复外蒙，有什么地方对不起国家，一定要他去职，分明是给我难堪，太欺负人了。你们一定要他去职，必须同时罢免吴佩孚！"

保定方面听说西北边防军准备改归边防督办直接统辖，认为是换汤不换药，皖系毫无诚意，不止是敷衍，简直是玩弄直系，所以非常愤慨。

张作霖本是一个老粗，虽然他粗中有细，智慧特高，可是由他扮演“和事佬”，究竟是用非所长，何况直皖两系的成见已深，双方距离根本无从拉近，他了解问题的症结在于“解除徐树铮的兵权”，这不止是直系的愿望，也是奉系的愿望，如果小徐兵权解除，其他条件便容易谈了。可是这却是最难让段祺瑞接受的，段的为人刚愎自用，自信自专，这些都是张作霖所了解的。他自己感到调和已不可能，段态度又转强硬，更无法谈得出结果，所以 30 日他又备车要离北京。

这次不是段留他，而是徐世昌留他，徐世昌认为张作霖一走，战争便无可避免，所以再三再四挽留，请张再作最后的努力。不过明眼人已经看出，小徐并没有牺牲自己挽救大局的胸襟，反而从中作梗，安福系更是变本加厉，这样情势，张作霖纵有三头六臂，也无法挽救了。

1920 年 7 月 1 日，在保定的曹锟和吴佩孚以直军全体将士名义，发出《为驱除徐树铮解散安福系致边防军西北军将士书》，声明要铲徐树铮和安福系，打出了对皖系开战的信号：

“直军全体将士致书于边防军、西北军全体将士曰：我辈谊切袍泽，情属手足，谨抒亲爱恳挚之宣言，敬告于明顺逆知大义者，夫同类不相残，同国无义战，千古之铁案也。我祖轩辕氏制兵之始，原为对外之用，北逐荤粥，南驱苗蛮，中原始有此一片干净土。洎平北伐玁狁，西御氐羌，与匈奴、突厥、金、元、满、蒙角逐中土，无非借我国军，固吾圉也。充国屯田，德裕筹边，天下有道，守在四夷。我国边防军、西北军之设制，为对外御侮之嚆矢，凡属袍泽，畴不以手加额，踊跃三百，边防有托，西北无忧矣。乃野心权利者，利用愚民政策，采取军阀主义，拥我数十万朔方健儿，以为同室操戈之用，不以防边，而以防内，凭借西北，讨伐西南，直视我堂堂国军，桓桓武士为一家之鹰犬。在昔专制时代，天子讨而不伐，诸侯伐而不讨。西南各省同隶版图，既无卖国媚外之罪，又焉有侵凌讨伐之理。矧共和国家，以人民为主体，人民并非欲萁豆之煎，军阀偏欲表鹬蚌之持，剥我人民脂膏，以重苦吾民，耗我国家饷糈，以疲困吾民。我国民何负于军人，我军人更何仇于国家。天良未泯，浩气犹存，既非至愚，终当觉悟。孰甘为少数私人作牛马哉？亚圣有言：‘民为贵，社稷次之，君为轻。’诗曰：‘戎狄是膺、荆舒是惩。’凡我军人动作，均应以对外为主旨，以民意为依归。是在我军人有觉悟心，尤贵我军人有辨识力。

彼野心私利之徒，动辄曰服从命令，拥护中央。试问此项征讨命令，是否出于元首本心？即令出自元首，是否本于真正民意。为治命耶？为乱命耶？稍有常识者类能辨之。挟天子以令诸侯，久为权奸之惯技。安福系跳梁跋扈，而指挥安福祸国者，惟徐树铮一个。我昂藏七尺男儿，讵甘心供其驱使耶？彼安福系以路矿抵押外人，屈膝借债，豢养国军以残害同胞。我国军不乏忠义之士，明达之人，孰肯为一党一系效死命哉？上年鲁案发生，我国军有协力对外之热忱。借债发饷，我国军有不受外饷之义愤。全国军人，闻风兴起。……全国本属一家，焉有南北之界？北洋原系一体，何有皖直之分？国军同仇对外，又安有芥蒂之嫌？边防军创边防之基础，西北军开西北之宏图。我同胞方且崇拜之，敬仰之不暇，更焉有水火虞邪？此次直军撤防，原为扫除祸国殃民之安福系，及倡乱卖国之徐树铮。对于先进泰斗，同气友军，毫无挟带恶感，及并峙对敌行为。乃彼少数奸人，自知无立足之地，故为捏造流言，怂恿当道，不曰与'合肥督办为难'，即曰与'边防军西北军构怨'，是等无意识之谰言，希图妄施离间。我亲爱友军必不为其稍动。此后凡我军人，遐迩一体，披肝沥胆，敌忾同仇，耿耿此心，可对天日。外御其侮，内息阋墙，堂堂男儿，绝不坠其收买离间术中。……我边防军暨西北同袍果有能先我着鞭，驱除徐树铮，解散安福系，以顺人心，而慰民望者，则既可建拥护元首之大勋，更可全维持合肥之令名。非但所以爱元首爱合肥，亦即所以爱国家爱人民也。直军愿执鞭弭以从其后。他日历史增荣，俾直军得附边防军与西北军之骥尾，则荣幸多矣。袍泽志士，盍兴乎来！直军全体将士敬告。"

7 月 2 日徐世昌正式下令批准靳云鹏辞职，靳在请假期间，国务总理是由萨镇冰代理。靳辞职后，亦竭力推荐周树模组阁，自己愿意担任陆军总长。靳的坚决求去，是因为安福系三总长遇事和他作对，而在直皖两系摩拳擦掌，跃跃欲战的局势中，他感到左右做人难，更怕皖系以叛徒名之，所以急于求去。他之所以愿意退居陆军总长地位，是怕他不做，小徐便乘机攫去，他和徐树铮同名列段手下的四大金刚，可是两人却形同水火。

北京忙于新阁问题，而保定关心的却是小徐解职问题，张作霖与曹锟里应外合地催促罢免徐树铮。吴佩孚宣称非取消筹边使不可，如有反对，决先解散国会，盛传吴军已开抵长辛店。

3 日，曹锟、张作霖、李纯联名发出《宣布徐树铮六大罪状》的通电，声讨徐树铮，宣布其六大罪状，斥他祸国殃民、卖国媚外、把持权柄、破坏统一、以

下弑上、以奴欺主。

7月4日，徐世昌在直、奉双方的作用之下，几经反复，在总统府举行特别会议，参陆处员均到，会议结果，徐世昌不顾皖系反对，直接下令对西北军决用部令改归部辖。西北军司令部即撤销。徐树铮开去筹边使，改任将军，遗缺由李垣署理。散会后即由总统府拟定命令，共有三项：

(一)特任徐树铮为远威将军。

(二)徐树铮应即开去西北筹边使，留京供职，西北筹边使着李垣暂行署理。

(三)西北边防总司令一缺着即裁撤，其所部由陆军部接收。

这些命令，徐世昌认为是根据29日徐段张三巨头会谈时所决定的，当时段在会谈时并未表示反对，可是段祺瑞则认为他在会谈中没有同意这个决定，段认为徐世昌是自己扶起来的傀儡，现在竟依靠“地方藩镇”势力而自专自行。对于徐树铮的处置不经辞职而予免职是不给面子，也不顾及段的颜面，所以命令发表时，段为之震怒，在团河大怒大骂。徐树铮也忍耐不住，他带着卫队，入逼公府，迫令徐世昌罢斥曹、吴。

靳云鹏辞职获准后，依法阁员应随总理同进退，所以代理总理萨镇冰主张联带辞职，可是安福系的三位总长都出面反对，相约不提辞呈。当总统准靳氏辞职时，即打算提名周树模为国务总理，咨请同意案送至国会，而愤激的安福系的国会议员则相约以不开会抵制，以阻止周树模的提名。

7月5日，毫不示弱的段祺瑞以边防督办的名义，在团河召开紧急军事会议，讨论对直策略。下令边防军紧急总动员，并将边防军改为定国军，在团河成立定国军总司令部，自任总司令。命徐树铮为副总司令兼参谋长，段芝贵为前敌总指挥。边防军下级军官联名上书请求说明开拔地点和作战任务。段向他们作了一次简短训话，鼓励他们奋勇作战，如果这一战不能打胜，不但他个人失败，边防军也一定不能存在，全体官兵的命运均将不堪设想。

同一天，西北军五个旅长都有电报挽留徐树铮，久病不起的段系大将倪嗣冲也到了北京，可是他患的是精神病，而且病势沉重，一抵京即赴北戴河养病去了。北京城顿成恐惧之城，谣言满天飞，达官贵人、富商大贾纷纷出京避难，东交民巷的使馆区和外国饭店都告客满，张作霖也搬到奉天会馆来加强戒备。

7月6日徐世昌又请张作霖去团河再作最后一次努力，这天段的火气很大，咆哮着告知“调解人”张作霖：“罢免吴佩孚，万事皆休！”张作霖说：“这恐怕办不到吧？”张作霖话刚落音，段祺瑞就咬牙切齿地说：“办不到也得办，你们办不到，我一定要办到！”张作霖劝段冷静，应该化大事为小事，退一步着想。段听了极不耐烦地对张作霖说：“你回你的奉天，不必管这闲事儿！”张听了一声不响就告辞而去。

这时，段派积极备战，直军亦布置防线，不遗余力。7日深夜1时，张作霖并未与任何人作别，悄然乘车出京，在军粮城下车，随即宣言“局外中立”！

7月8日上午，段祺瑞由团河回到北京城，立即在将军府召集全体阁员及军政首脑举行联席特别会议，靳云鹏等均列席，出席人员逾800余人。段怒火万丈，决定呈请总统将曹锟、吴佩孚、曹锳免职，交段亲自查办。当场议决，起兵对曹锟、吴佩孚进行武力讨伐。段芝贵为第一路司令兼京师总司令，曲同丰为第二路司令，李进才为第三路司令，傅良佐为总参议。会后，段祺瑞向代理内阁总理萨镇冰递交罢免曹锟、吴佩孚的呈文，并请萨镇冰转给徐世昌，声讨曹吴的罪行：“曹锟逍遥津、保，嗾使吴佩孚叛变，一则要请经略四省，再则恳求增兵4旅，挟势邀常，不获不休。”“吴佩孚驻守衡州，暗与敌通，受贿60万元，沿途使用广东毫洋，证据确凿，无可讳言。擅自撤防，叛不奉命。”“曹锟勾结陆荣廷诱惑元首，屡请起用复辟罪魁之张勋。”

下午国务院开临时会议，结果吴佩孚予以免职处分，曹锟则改为褫职留任，由交通总长曾毓隽、司法总长朱深送府盖印。

段在将军府议决惩办曹吴后，明知曹吴一定反抗，必至兵戎相见，乃退至私宅，召集近畿各师长，讨论出兵计划，决定派出五师，以曲同丰所部边防军第一师为第一线，刘询所部第十五师为第二线，陈文运边防军第三师为第三线，李进才第十三师为第四线，魏宗翰第九师为第五线。同时命交通部转饬京汉路局赶备专车输送。这一来，北京城百姓更为恐慌，纸币骤跌，要人家眷纷纷迁徙，箱笼什物遍街触目，情形一如张勋复辟前后。

段祺瑞及内阁分别呈请要求惩办曹吴，徐世昌颇有难色，因为这命令与前令大相径庭，所以不肯签署。于是段派乃以重兵围总统府，强迫徐世昌依允；并由边防军传出消息，如8日午夜免曹吴令不下，则京南琉璃河直皖两军对峙处当于9日上午首先开火。徐世昌在威迫情形下，不得已乃将内阁送呈惩办曹吴之令盖印发下，这时已是9日午前。

惩办曹吴令如下：

“前以驻湘直军，疲师久戍，屡次吁请换防，当经电饬撤回直省，以示体

恤。乃该军行抵豫境，逗留多日，并自行散驻各处，实属异常荒谬。吴佩孚统辖军队，具有责成，似此措置乖方，殊难辞咎，着即开去第三师师长署职，并褫夺陆军中将原官，暨所得勋位勋章，交陆军部依法惩办。其第三师原系中央直辖军队，应由部接收，切实整顿。曹锟督率无方，应褫职留任，以观后效。军人以服从为天职，中央所以指挥将帅者，即将帅所以控制戎行。近年纲纪不张，各军事长官，往往遇事辄托便宜，以致军习日漓，纪律因之颓弛。嗣后各路军队，务当恪遵中央命令，切实奉行，不得再有违玩，着陆军部通令遵照。此令。"

同日，在天津曹家花园，曹锟、张作霖、吴佩孚等人召开军事会议，商讨对皖系作战事宜。会上，一直主张对皖系作战的曹锟却突然犹豫起来，他担心一旦对段祺瑞宣战，如果战败了就连天津这个地盘都保不住了，那可就麻烦了。吴佩孚见状大叫不妙，如果曹锟动摇了，箭在弦上的战争就可能泡汤。已经与皖系势不两立的吴佩孚就劝说曹锟，指出奉系军队是直系的后盾，虽然徐树铮的军队装备良好，但凭借吴佩孚自己就可以战胜皖系军队；如果战争失利，直系还控制着京汉铁路，奉系则控制着东北，还是能够让皖系有所顾虑。如果不进行战争，段祺瑞则有可能秋后算账，形势将对直系不利。曹锟最终拿定了主意，决定对皖系宣战。

当天晚上，知道战争已成为定局的张作霖返回东北，部署奉军入关。

9 日，段祺瑞命令以边防军为主体的讨伐曹锟和吴佩孚的"定国军"出动，兵分三路，分别由段芝贵、曲同丰、魏宗瀚率领，边防军第三师开赴廊坊，边防军第一师与陆军第九师、第十三师、第十五师开向长辛店、卢沟桥、高碑店一带设防备战。

同一天上午，保定方面自获悉北京发表惩办曹吴命令后，军心愤激，一意主战，毫无回旋余地。曹锟亲自到天津举行誓师大会，宣布讨伐段、徐，将直系军队称为"讨逆军"，他自任总司令，任命吴佩孚为前敌总司令，把大本营设在天津，设司令部于高碑店，筹备对皖系作战。准备兵分东西两路，从杨村、长辛店一带发起对皖军的进攻。曹锟在天津发表通电，声讨段祺瑞执政以来，卖国求荣，在舆论上为自己发动的战争谋求支持。吴宣言将亲率三军，直向北京，驱老段，诛小徐。

10 日段祺瑞在团河成立定国军总司令部，自任总司令，派徐树铮为总参谋，段芝贵为第一路司令，曲同丰为第二路司令兼前敌司令，魏宗翰为第三路司令，傅良佐为总参议。

同一天，外交团照会北京政府，如果战事危及外侨生命财产，中国政府应负完全责任。中国军队不得携带武器进入北京城，飞机不得在北京上空飞过。这些限制对边防军颇不利。可是意大利公使却将使馆内所有军火秘密售予边防军，曾毓隽也从日本三井洋行借到100万元为边防军开拔费。

下午，曹锟接到北京公使团的致电，立即回电，请公使团注意日本暗中助段的事实。美、英、法三国压迫日本公使表示态度，14日日本公使被迫发表宣言，表示绝不助段。

7月13日，吴佩孚通电斥段祺瑞为卖国汉奸。同时曹锟有声讨安福系的通电：

"……迩来安福系力竭势穷，覆亡在即，犹复设词诬捏，谣惑听闻。或谓此举为直皖之争，或谓其中寓复辟之意，挑拨离间，肆彼阴谋。……查各省联军。此次义举，纯为救国，良以安福系数年以来，假借段、徐。把持政权，阴行卖国，横挑内乱，种种罪恶，罄竹难书。各省同志，或绾军符，或膺疆寄，对于国家大局，人民安宁，当负完全责任。且外观列强之大势，俯察人民之呼号，长此任彼横行，深惧国将不国。是以不顾利害，共起义师，绝无私意于其间。……总之，锟等此役为国家安全计，为正当防卫计，不得已而用兵，是非曲直，事实昭然。苟有私心，不但无以对同侪，而且无以对天下。敬布诚悃，正式声明，惟祈公鉴。曹锟印。"

7月14日，顺直省议会、天津总商会、直隶商会联合会，联名通电宣布段祺瑞三大罪状。这通"寒电"指责段祺瑞：

"……视东海为傀儡，待同官若奴隶，颐指气使，炙手可热。靳云鹏虽其门生，然既为总理，论体制应在督办之上。乃段祺瑞于院部有关系之文函，均亲笔批有交院、交部字样。其下属奉命转达于院部者，则直书曰奉督办谕，交总理总长办理等字样，俨以元首自居。今更擅改元首已盖印之命令，逼令元首之印绶，自由擅发，试问纪纲何在？此其大罪一。信任曹陆，借用日款五万万元，将东三省森林矿产及满蒙热河铁路之权，拱手以授日人，又将胶济、高徐、顺济等铁路与日本订立合同，使山东亦将为东三省之续。甚至订立军事协约，而日本军队侵入北满，假借参战练兵，而日本军官揽我兵权。至于赞成签订德约，主张直接交涉，无一不为媚外之作用，以自亡其国，此其大罪二。段于袁项城时，往往以项城任用权术，利用金钱收买下级军官，唆使反抗上官之举为不然。不料自彼执政以来，变本加厉。……广用金钱，结合各省军队以自固，以致军队日多，财源日竭。此其大罪三。"

这个电报末尾且指责段祺瑞并非如一般人所说的很廉洁，指出：

“天津义租界房屋，乃徐树铮于民国元年所得汉阳之款，以十三万元分润段而购置者。曾云霈以安福党费为段兴造春夏秋冬四季式之房屋。又复辟讨逆余款二百万元，尽入私囊。段在中日汇业银行有股份一百万元。”

张作霖由京城回到沈阳，先致电段祺瑞：“此次在京，备悉奸人百计害我三省。作霖忍无可忍，誓将亲率师旅，铲除此祸国之障碍，以解吾民之倒悬。”

7月11日张作霖又致曹锟一电，说他已经派遣第28师先行进关，关内奉军派张景惠为司令。他估计关内奉直联军已有七八万人，可以应付东西两线的战争。并向曹锟担保：“我辈骨肉至交，当此危急存亡关头，不能不竭力相助。”紧接着，奉军第27师亦步28师后尘开进关内天津北仓一带。7月13日，张作霖发布《讨伐段祺瑞檄》，指责段“排除异己，把握政权”，“弄权卖国，残民黩武”，“穷其罪状，罄竹难书”。

直、皖双方围绕着徐树铮免职和惩办曹锟、吴佩孚的问题，互不相让，剑拔弩张，战争一触即发。直皖两军在京汉、固安、京奉三线相互对峙。

在张作霖宣布派军入关以前，段对“讨直”之战是很有信心的，他曾吹嘘说，战争开始，只消五天就可以攻下保定。他的自信是认为奉军不会介入帮助直军。他认为张作霖虽然和徐树铮不和，但张和直系的曹锟、李纯也有很大的矛盾，因此段估计张作霖一定是在关外坐视成败，不会在直皖冲突中轻易下注。也就是说张作霖会保持中立。段认为只要张作霖保持中立，他就有把握击败直军。

怎知13日接到奉军第27、28两师大军已经开进关来的军报，接着又获悉奉军已在京奉路、津浦路以及马厂、军粮城一带布防，这一来可真让他着慌了。

本来，从7月11日起，直皖两军前线已有了小规模的冲突。北京城中已时闻炮声。传说边防军和刘询的第15师有不愿出战的表示，每与直军接触，均着着后退。待奉军入关，安福系真的慌了手脚，于是，段祺瑞准备采取缓兵之计，乃由曹汝霖、傅良佐往谒徐世昌，请求颁发要求“各军停战撤回原防”的停战令，企图推迟战争的爆发。14日徐世昌下令云：

“民国肇造，于兹九年，兵祸侵寻，小民苦于锋镝，流离琐尾，百业凋残，群情皇皇，几有焉不可终日之势。本大总统就任之始，有鉴于世界大势，力主和平。此岁以来，兵戈暂戢，工贾商旅，差得一息之安，犹以统一未即观成，生业不能全复。今岁江浙诸省，水潦为灾，近畿一带，雨泽稀少，粮食腾踊，讹言朋兴，眷言民艰，忧心如捣。乃各路军队，近因种种误会，致有移调情事，兵车所至，村里惊心，饥馑之余，何堪师旅？本大总统德薄能鲜，膺国民付托之重，惟知爱护国家，保护人民，对于各统兵将帅，皆视若子弟，倚若腹心，不能不剀切申诫。自此次明令之后，所有各路军队，均应恪遵命令，一律退驻原防，戮力同心，共维大局，以副本大总统保惠黎元之至意。此令。"

而段系此时已阵脚大乱，一方面压迫徐世昌下了停战令，另一方面又觉得当前情势必须速战，否则军心不易维持，所以他们在7月14日下午又召集特别军事大会，决议立即下达总攻击令，同时为了鼓励士气，特传檄全国，讨伐直军，檄云：

"为檄告事，案查曹锟、吴佩孚、曹锳等目无政府，兵胁元首，围困京畿，别有阴谋。本上将军业于本月八日据实揭劾，请令拿办，罪恶确凿，诚属死有余辜。九日奉大总统令：曹锟褫职留任，以观后效。吴佩孚褫职夺官，交部惩办。令下之后，院部又迭电饬其撤兵。在政府法外施仁，宽予优容。该曹锟等应如何洗心悔罪，自赎末路。不意令电煌煌，该曹锟等不惟置若罔闻，且更分头派兵北进，不遗余力。京汉一路，已过涿县；京奉一路，已过杨村，逼窥张庄。更于两路之间，作捣虚之计，猛越固安，乘夜渡河，暗袭我军。是其直犯京师，震惊畿内，已难姑容，而私勾张勋出京，重谋复辟，悖逆尤不可赦。京师为根本重地，使馆林立，外商侨民，各国毕届，稍有惊扰，动至开罪邻邦，危害国本，何可胜言。更复分派多兵，突入山东境地，迳占黄河南岸之李家庙，严修战备，拆桥毁路，阻绝交通，人心惶惶，有岌焉将坠之惧。本上将军束发从戎，与国同其休戚，为国家统兵大员，义难坐视。今经呈明大总统，先尽京畿附近各师旅，编为定国军，由祺瑞躬亲统率，护卫京师，分路进剿，以安政府而保邦交，锄奸凶而定国是。奸魁释从，罪止曹锟、吴佩孚、曹锳三人，其余概不株连。其中素为祺瑞旧部者，自不为彼驱役。即彼部属，但能明顺逆识邪正，自拔来归，即行录用。共擒斩曹锟等献至军前者，立予重赏。各地将帅，爱国家，重风义，适此急难，必有履及剑及兴起不遑者，祺瑞愿从其后，为国家除奸慝，即为民生保安康，是所至盼，为此檄闻！"

同日，曹锟亦未理睬停战令，他接连发表两份通电，一是通电各省，说明开衅原由是在段系，电云：

"边防军称兵近畿，扰害商民，近仍进行不已。以众大之兵力，占据涿州、固安、涞水等处，于寒删两日（诗韵有十三寒、十五删两韵，电码即借作十

三日十五日之省文)，向高碑店方面分路进攻。东路则占据梁庄、北极庙一带，向杨村攻击，炮火猛烈，枪弹如雨。敝军力为防御，未及还攻，而彼竟愈逼愈紧，实为有意开衅，事实如此，曲直自在，惟有激励将士，严阵以待，固我防圉而卫民生，特电奉闻，诸维察照。曹锟。"

二是通电各报馆，请驱除奸党，电云：

"天祸中国，降此残凶，安福祸国，段徐庇逆，种种罪恶，中外共晓。各省联军，本救国之大义，依法律之程序，呈请大总统，罢散祸国恶徒。段徐为虎作伥，违逆总统之命，擅兴无名之师。各省联军于忍无可忍之中，仍严束所部，妥为防守，不敢轻启战端，遗害生灵，段等无隙可乘，不能肆其野心，乃阴谋诡诈，一方强迫元首下停战令，一方乘各省不备，暗行袭击，下总攻击令，是非曲直，事实昭然，是此强盗行为，破坏国际公例，按诸本国法律，天理人情皆在必讨之例。兹谨正式通告各友邦及本国父老昆弟，自今日始，实行围困奸党根据地，必将凶残除尽，奠固邦本。惟祈公鉴。曹锟。"

直皖濒于开战之时，湖北的直系大将王占元，突然采取行动，软禁了寄寓湖北的湖南督军皖系大将吴光新。原来北京政府发表了段祺瑞的内亲吴光新为湖南督军后，北洋军已完全退出湖南，吴光新原任长江上游总司令，手里有 20 万大军。湖南去不了，吴光新乃和他的前任湘督张敬尧阴谋攫取湖北，助攻皖军，且密令他的旧部，驻守河南信阳的赵云龙攻夺河南。可是鄂督王占元不是傻瓜，不待吴张动手，他便先下手为强，借请宴为名，把吴光新约到督署款宴，席散后吴光新即被软禁，吴部哗变，亦被直军解散。张敬尧这次倒很聪明，闻风先遁。

此时直、皖战争已若离弦之箭，形成骑虎难下之势。7 月 14 日，直皖大战终于在京汉线上爆发。

第十章　直皖大战

直、皖两系互不相让，唇枪舌剑，越骂越欢，以至兵戎相见。当时，段祺瑞已将边防军改为定国军，自任总司令，以徐树铮为总参谋长，段芝贵为第一路总司令兼京师戒严总司令，曲同丰为第二路总司令兼前敌总司令，魏宗瀚为第三路总司令，刘询为第四路总司令，拉开阵容，讨伐直系。就边防军而言，在当时的中国，可谓精锐之师，不过它生不逢时：一者统帅段祺瑞政治上已经惨败；二者京津一带地域狭小，奉军入关，已与直军形成夹击之势；三者直军刚从前线撤防，富有实战经验，统帅又是天才的吴佩孚。直系的军队，当时已张“讨逆军”的大纛，直扑京师，积极迎战。

“定国军”以段祺瑞为总司令，徐树铮为参谋长，司令部设在团河，司令办事处设在琉璃河附近，总兵力 5 个师和 4 个混成旅，共 7 万人，加上同盟军共达 14 万人。西路由曲同丰、陈文运分率边防军两师（还有一师驻山东），陈兵涞水、涿县、固安地区，准备在涿县琉璃河对抗吴佩孚，并令丁士源以运输飞机供运输。东路由徐树铮率西北军三混成旅，布防杨村（今天津武清）以西的梁庄（今西梁庄）、北极庙（今北章庙）一带。准备在杨村一线与直军曹锳作战，且防奉军入关。

“讨逆军”以曹锟为总司令，吴佩孚为前敌司令兼西路总指挥，曹锳任东路总指挥，另派第一混成旅旅长王承斌驻郑州，为后路总指挥。大本营设在天津，司令部设在高碑店。总兵力 1 个师和 9 个混成旅，共 5.5 万人，加上同盟军共计 18 万人。西路占据高碑店（今河北新城），东路驻守杨村。

7 月 12 日，被委为前敌总司令兼西路总指挥的吴佩孚，为使师出有名，大笔一挥，以直军全体将士名义发出《宣布段徐罪状通电》。电文中，他把过去所攻击的安福系和徐树铮之罪，都归结到段祺瑞一人之身。这样，吴佩孚即直接打出了“讨伐段祺瑞”的大旗。13 日，他在大骂段祺瑞为卖国汉奸后，又作了一番自我表白，声称自己是为国诛奸，死而无憾。直军官兵被鼓动得一力主战。吴佩孚就在“亲率三军，直问神京，驱老段，诛小徐”的叫嚣声中，

来到西路前线的高碑店，直接率领部队向皖系军队进攻。

曹锟则调拨军队到天津，在天津为前线军队准备各种军用物资，并实行了戒严。上阵还需亲兄弟，7 月 10 日，蓟榆镇守使曹锳率 10 多辆军车驶入曹家花园，领下了向前线运输军用物资的任务。同一天，直隶省长曹锐在天津城内布置防务，他调拨直系控制的第四混成旅守备队游击队布防在宜兴埠、曹家花园和直隶省长公署一带，加强警备，对过往行人进行严格的盘查。4 艘海军战舰，奉曹锟的命令从大沽口调到天津市区内的海河水域，分别游弋在海河上金汤桥、金钢桥等不同水域，以备不测。

直皖战争的主要战场在京汉路和京津路之间的河北涿州、高碑店和杨村一带。7 月 14 日晚，西线皖军第一军以 15 师为先锋，向直军第 3 师进攻，直军退出了高碑店。

东线皖军首先向直军据守的杨村进攻，双方胜负未决。16 日，天津战线开到日军护路队，强迫直军退出铁路线 2 英里以外，因此直军防线被打开一道缺口，皖军遂乘虚而入，直军放弃杨村退守北仓。京津铁路因此不能通车，战势对直军不利。初战皖军告捷。

7 月 17 日，战情发生变化。吴佩孚率军退出高碑店，率领轻骑奔袭皖军西路军指挥部所在地松林店，这是皖军前敌总部的所在地。总部内一切很平静，曲同丰好整以暇地准备直捣保定，生擒曹吴，以立不朽的大功。不料枪声突起，敌军已经掩入。西线司令部被捣毁，“定国军”前敌司令曲同丰被俘投降。曲吴本有师生渊源，原来曲同丰曾在武备学堂当过教习，而吴佩孚则在武备学堂受过训练，因此应该是师生，吴见到曲还行了一个军礼，接着便请这位“老师俘虏”上车去保定。由于曲同丰和司令部的全体高级将领全数被俘，第 15 师刘询所部和边防军第 3 师陈文运所部，便像潮水退落一样，从高碑店败退下来。当天，直军占领了涿州，并向长辛店追击前进。

隶属段系的北洋陆军第 15 师遂在战场上投靠了曹、吴。15 师师长刘洵，驻北京南苑，是直系军阀冯国璋的嫡系部队，冯死后，师长刘洵亲近皖系军阀段祺瑞。直皖战争爆发后，段令第 15 师开到第一线对直军作战。但第 15 师的旅长张国荣、齐宝善等认为对曹、吴作战，是直系内部自相残杀，且冯国璋与段祺瑞素有嫌隙，冯任代总统时，受制于总理段祺瑞，冯遂一气而病，一病而死，如助皖攻直，深感对不住九泉之下的冯国璋，遂阵前倒戈。

同日，奉系军阀张作霖通电与直军并肩作战，令 27 师、28 师开进关内，分驻马厂和军粮城一带，配合直军作战。

在战争开始后，南方军阀支持直系。7 月 17 日，孙中山的广东护法军政府又发出讨段檄文，声讨段祺瑞，支持直系：

“国贼段祺瑞者，三玷揆席，两逐元首，举外债六亿万，鱼烂诸华，募私军五师团，虎视朝左。更复匿嬖徐树铮，排逐异己，啸聚安福部，劫持政权。军事协定，为国民所疾首，而坚执无期延长；青岛问题，宜盟会之公评，而主张直接交涉；国会可去，总统可去，而挑衅煽乱之徐树铮，必不可去；人民生命财产可以牺牲，国家主权、森林矿产可以牺牲，而彼辈引外残内之政会，必不可以牺牲。凶残如朱温董卓，而兼鬻国肥私；媚外如秦桧、李完用，而更拥兵好乱。综其罪恶，罄竹难书。古人权奸，殆无其极。军府恭承民意，奋师南服，致讨于毁法卖国之段祺瑞及其党徒，亦已三稔于兹，不渝此志。徒以世界弭兵，内争宜戢，周旋坛坫，冀遂澄清。而段祺瑞狼心不化，鹰瞵犹存，嗾使其心腹王揖唐者，把持和局，固护私权，揖盗谈廉，言之可丑。始终峻拒，宁有他哉？乱源不清，若和奚裨。吴师长佩孚，久驻南中，洞见症结，痛心国难，慷慨撤防。直奉诸军，为民请命，仗义执言，足见为国锄奸，南北初无二致也。乃段祺瑞怙恶饰过，奖煽奸回，盘踞北都，首构兵衅，以对南黩武之政策，戕其同袍；以不许对内之边军，痛毒畿辅。天命不足畏，人言不足恤，但知异己即噬，不惜举国为雠，故曩诿为南北之争者，实未彻中边之论也。道路传言，佥谓该军有某国将校，阴为之助，某氏顾问，列席指挥，友邦亲善，知必谣言，揣理度情，当不如是。然而敬塘犹在，终覆唐室；庆父不除，莫平鲁难。今者直省诸军，声罪致讨，大义凛然，为国家振纲纪，为民族争人格，挥戈北指，薄海风从。军府频年讨贼，未集全勋，及时鹰扬，义无反顾，是用奖率三军，与爱国将士，无间南北，并力一向，诛讨元凶。其有附逆兵徒，但知自拔，咸与维新。若更徘徊，必贻后悔。维我有众，壹乃心力。除恶务尽，其建厥勋。褫奸雄之魄，毋或后时，抉郿坞之藏，相偕饮至。昭告遐迩，盍兴乎来！”

也在 17 日，天津领事团派出美、英、法、日四国护路军，率同工程人员修复杨村铁路，京津火车遂恢复通车。

同一天，吴佩孚向曹锟致电报捷，略称：

“现边军第一师曲同丰师长因伤亡过多，有伤人道，派副官吴敬珉同大主教李司铎前来，请求休战，已派随办营务汇春芝接洽。十五师齐旅长忱安，张旅长拱宸亦派执事官持函前来，谓该师原与直军一致，因在积威下有不得已苦衷，愿以全师来归。师长即函请齐亲来松林店面定办法。现双方

正面炮火已熄，仍令前线严防。又接前方电话报告，陈文运全师已被我军右翼萧、彭两旅击散，其曲同丰一旅愿缴械投诚。十五师完全归顺我军，第六旅明早可到琉璃河，奉军郭旅长现驻涿州东门外，明早进城，师长亦明日到涿。"

7月18日皖军主帅之一的曲同丰押抵保定，在曹锟的迎宾馆"光园"正式行献刀典礼。

曲同丰是山东人，和吴佩孚同乡，和曹锟亦是熟人，这次相见，一为座上主，一为阶下囚。可是曲同丰颇识时务，他表示是自愿投降的，所以乐意让旧友举行"受降礼"。曹锟在大厅中站立，曲同丰由直军将领陪同，全副戎装，步履铿锵，进入大厅，后面还有其他被俘的军官，曲首先由腰间解下军刀，双手捧献曹锟，并且朗声说："鄙人今天愿意向贵经略使投降，特将军刀献上，宣誓决不与贵军为敌。"曹锟双手接刀后，又将军刀发还，用和悦的音调对面前的降将说："本使今天愿意接受贵司令投降，贵司令作战勇敢，本使深为敬佩，特将军刀发还，仍请佩带。本使当按照优待俘虏条例，予贵司令以最优待遇。"受降礼完成后，两人握手叙旧，欢若平生。

曹锟受降后，即发出通电云：

"为通告事，昨段军曲同丰等现已解到保定，见面时曲等将军刀自行除下，双手捧向锟云：鄙人等今愿在贵使麾下投降。并宣誓云：彼等俘虏期间，对于本军之宗旨决不有所违背之举动。由锟将刀双手接受，并云：本使兹承受执事之投降，阁下等勇敢可钦，仍举军刀给还佩带，并得享受军事惯例待遇俘虏之自由，除少数畏怯军人及有污军人资格者外，其余均按级受本军优待云云。此种军人俘虏，将来当归正式法庭审理。除饬前方军队查照此种待遇俘虏军例外，并严令全军勿得因段祺瑞近有悬赏谋取锟等性命，致生报复之念，而违背军人在战争外应保持人道之主旨，此令。"

曲同丰在保定献刀后，即发出通电，劝告边防军弃暗投明，共起讨"贼"。曲为段氏最识拔之弟子，宠遇不亚小徐，段祺瑞在北京获悉曲同丰这一幕丢脸的投降献刀戏以及通电讨段后，已经是大势全去，气也来不及了。

与此同时东线的徐树铮在直、奉的联合进攻下迅速溃败。17日，徐树铮在廊坊听到西线皖军战败，乃匆匆赶返北京，他所指挥的边防军遂在没有统帅指挥的情形下，不战而投降直军，余部向京绥路败走。继而，徐树铮化装成一个日本女人，钻进一只柳条箱内，从日本驻北京屯军司令部被运到火车站，钻进一间头等车厢，那天，京津各站都有便装的日本兵严密戒备。徐树铮被偷偷运往上海，投奔了卢永祥。

段祺瑞坐镇团河，等待佳音，据说他预令两路皖军不许用重炮，恐火力太猛，伤亡过重，虽似宋襄之仁，亦已有轻敌之心。可是，仅仅几天的工夫，大战已见分晓，皖军败局已定，段芝贵5万雄师落得个仅以身免；曲同丰被俘投降；吴光新武昌被囚，大军哗变溃散；徐树铮兵败潜逃；安福祸首潜离京城，纷纷作鸟兽散。中国有句俗语，树倒猢狲散，到如今只剩下段祺瑞孤家寡人，困守危城，四面楚歌。多年的心血，毁于一旦，猖狂不可一世的皖系军队，仅在短短的三天之内，就被直军打得一败涂地。

段祺瑞的老友、亲日派曹汝霖回忆录中是这样记叙直皖之战：

“此次战事，皖方以新锐的武器与陈旧之直军相争，正如以石投卵，决无败理。岂知有石而不能用，则卵虽软弱，亦可淋漓尽致，使你无能为力。可知无将兵之才，虽有坚甲利兵，亦是徒然。此次皖方之败，即由于此。”

段祺瑞迭接败耗，不料他数年心血，竟毁于一旦，三天的考验才知道皖系的军队如此“不经一战”。他出身军人，多少还有些刚强的性格，于是要自杀，幸左右监护严密，劝他不必寻短见，因为直军虽已开火，成为敌人，究竟还有同袍之谊，是不会拿他怎么样的。于是段祺瑞把靳云鹏找来，靳云鹏见到老段，也不知用什么话安慰他，段祺瑞只是简单地对靳云鹏说：“事已至此，你和他们还可以谈话，赶快去和他们商讨停战吧，条件方面我没有什么意见，只希望不要把战争带进北京城。”

靳云鹏从府学胡同段公馆出来，就去找傅良佐，请他去天津跑一趟，代表靳自己向直军求和。傅到了天津，径赴直隶省长公署求见省长曹锐，曹锐没有见他，也不准他离开，把他软禁在省长公署。

北京城内形势万分紧张，前线军队败退下来，要吃要喝要饷银，找不见上司，也没了纪律。段祺瑞没有办法，只好亲自去见徐世昌，请徐下一道停战令，免得北京城不可收拾。徐世昌待段辞出后，望着他的背影，冷笑说：“早知今日，何必当初呢？”当天，徐世昌颁下停战令：

“前以各路军队因彼此误会，致有移调情事，当经明令一律退驻原防，共维大局。乃据近日报告，战事迄未中止，群情惶惧，百业萧条，嗟我黎民，何以堪此？况时方盛暑，各将士躬冒锋镝，尤属可悯。应责成各路将领，迅饬前方，各守防线，停止进攻，听候命令解决，用副本大总统再三调和之至意，此令！”

7月19日，段祺瑞通电全国，引咎辞职，撤销定国军名义。

“保定曹经略使、天津曹省长、盛京张巡阅使、南京李督军、南昌陈督军、武昌王巡阅使、开封赵督军、归化蔡都统、宁夏马护军使同鉴：顷奉主座电谕‘近日叠接外交团警告，以京师侨民林立，生命财产极关紧要，战事如再延长，危险宁堪言状？应令双方即日停战，速饬前方各守界线，停止进攻，听候明令解决’等因，祺瑞当即分饬前方将士，一律停止进攻在案。查祺瑞此次编制定国军，防护京师，盖以振纲饬纪，并非黩武穷兵，乃因德薄能鲜，措置未宜，致召外人责言，上劳主座之廑念。抚衷内疚，良深悚惶！查当日即经陈明，设有贻误，自负其责。现在亟应沥陈自劾，用解愆尤，业已呈请主座，准将督办边防事务，管理将军府事宜各本职，暨陆军上将本官，即予罢免；并将历奉奖授之勋位勋章，一律撤销，定国军名义，亦于即日解除，以谢国人。谨先电闻。”

在这个电报中，他故意漏去直军最重要的一个人吴佩孚，可见对吴咬牙切齿之恨。段在皖军战败后，由团河回到府学胡同，既不逃天津，也不奔租界，只在家中生暗气。

同一天，曹锟宣布直皖战况及皖军败北通电，直皖大战的主战场战争结束。

22 日，直系察哈尔都统王廷桢率部进驻康庄，在居庸关附近打败皖军残部。徐世昌派王怀庆督办近畿部队收束事宜，负责解散败兵。

23 日，直、奉两军的先头部队开到北京，直皖战争结束。同日，北京政府下令，特派王怀庆督办近畿军队收束事宜。

24 日，直、奉大部队陆续到达京畿，分别接收南、北苑营房。奉军将南苑飞机 12 架运回奉天，东门里的徐树铮库房全部被奉军接收，甚至连一个探照灯也不放过，席卷而去。在南苑对皖军缴械时，奉军邹芬部缴获的两只探照灯，落入直军之手。张作霖急向直方追索，引起曹锟不满，当时曹锟说：“张雨亭真是地道的胡子，得那些东西还不够，连个灯还要。”奉军在直皖战争中坐收渔人之利，不仅壮大了奉系的声威，而且收编了皖军，扩充了武器装备。

直奉军队同时进入北京，然后，曹锟和张作霖举行天津会议，直奉首脑坐在一起，开始研究战争结束后的善后问题了。

首先宣布战犯名单：第一人即徐树铮，随后有曾毓隽、段芝贵、丁士源、朱深、王郅隆、梁鸿志、姚震、李思浩、姚国桢等。日本马上表现出他们干涉中国内政的敏捷性，要求将徐树铮等定为国事犯，予以保护，被吴佩孚一口拒绝。但是曹锟等人认为，北洋是个大家庭，应念香火之情，不必逼人太甚，于是对这些战犯皆网开一面。

段祺瑞借债兴兵，舆论难容，此次一败涂地，虽然返躬自责，情愿去官，但众怒未消。吴佩孚率军进驻南、北苑之后，请大总统诛戮罪魁。靳云鹏、张怀芝跑到直军驻地，与吴佩孚筹商，提出四项条件，劝吴佩孚即日罢兵。吴佩孚不肯答应。靳云鹏、张怀芝便去找曹锟商议。曹锟表示可以停战，但对四项条件不能接受，尚须更改。靳云鹏虽磨破了嘴皮子，曹锟终未答应。靳云鹏只好回京复命。

徐世昌听了靳云鹏的汇报之后，默然无语，想了多时，最后商定还是借重张作霖。随即电召张作霖，再作调解人，出面排解。

张作霖再次出任调解人，与曹锟商量条件，最后商定：(1)解散安福系；(2)惩办罪魁 14 人；(3)取消边防军与西北军及其他用于该两军之一切机关；(4)京畿保卫归直、奉军，永远驻扎，京城以内由京畿卫戍总司令担负全责；(5)撤销安福系包办之和议机关，驱逐王揖唐，另与西南直接办理和议；(6)解散新旧两国会，另办新选举。除这 6 项之外，还有两项先决条件：(1)政府速将三年以来所借外债及用途公布全国，(2)罢免京师警察厅总监吴炳翔。议定以后，由张作霖转呈徐世昌。

7 月 24 日，徐世昌下令免去安福系三总长(准财政总长李思浩、司法总长朱深、交通总长曾毓隽)职务，派田文烈兼署交通总长，财政、司法两部则由次长代理部务。又准免京畿卫戍司令段芝贵职。

26 日，徐世昌下令撤销对曹锟、吴佩孚的处分。批准京师警察总监吴炳湘辞职，派殷鸿寿继任。

28 日，徐世昌又下令批准段祺瑞辞职，同时下令裁撤督办边防军务处，关于西北边防总司令，在命令中说："前有令将西北边防总司令一缺裁撤，其所辖军队，由陆军部即日接收办理，所有西北军名义，应即撤销，着责成该部迅速收束，妥为遣散，仍将办理情形，克日呈复。"

在惩办祸首问题上，徐世昌与曹锟一直有分歧。徐世昌主张尽可能压缩在极少数的几个人身上，对段祺瑞不列入祸首，要宽大，不为已甚，只要解除了兵权，就可自由安居，且应予以相当的优礼。对各省皖系军阀的地盘、地位尽可能不予更动，对一般皖系政客和安福系次要分子，除了少数首要外，也尽量少予株连，一概不究既往。

在这个问题上，张作霖与徐世昌的意见比较接近，因为他与皖系并没有不可调解的深仇大恨，不必赶尽杀绝，更微妙的是他还想收集皖系的残余势

力，壮大自己的声势，以与直系相抗衡，所以他的态度非常缓和。但曹锟坚持必须惩办一切与事变有关的皖系政客和安福系分子，以明责任。不过他为了保持和奉系的友好，因此尽可能将就张作霖。曹锟向北京政府提出了一张祸首名单，经多次磋商交易，于7月29日，北京政府下令将徐树铮、曾毓隽、段芝贵、王揖唐、丁士源、梁鸿志、王郅隆、张宣等10名祸首褫夺官职、勋位、勋章，缉拿法办。起初，曹锟提出祸首名单14人，段祺瑞、王揖唐都在其中之列，因徐世昌从中周旋，才将段祺瑞的名字从祸首中剔出。据闻名单内有曹汝霖、陆宗舆二人，因为这两位是经手向日本借款的人，陆宗舆在直皖开战前还垫付了定国军（段军）一笔军费。可是曹、陆两人的名字在徐世昌笔下删除了。江苏督军李纯也电请加入王揖唐祸首之一，湖北督军王占元也请求把吴光新加入，徐世昌认为这两个人都不在北京，没有直接参加战争，应当另案办理。

7月29日北京政府下令派昭武上将军、热河都统姜桂题兼管将军府事务。又下令通缉祸首：

"国家大法，所以范围庶类，缅规干纪，邦有常刑。此次徐树铮等称兵畿辅，贻害闾阎。推原祸始，特因所属西北边防军队，有令交陆军部接收办理，始而蓄意把持，抗不交出。继而煽动军队，遽启兵端，甚至胁迫建威上将军段祺瑞，别立定国军名义，擅调队伍，占用军地军械，逾越法轨，咨逞私图。曾毓隽、段芝贵等，互结党援，同恶相济，或参与密谋，躬亲兵事；或多方勾结，图扰公安，并有滥用职权，侵挪国帑情事，自非从严惩办，何以伸国法而昭炯戒？徐树铮、曾毓隽、段芝贵、丁士源、朱深、王郅隆、梁鸿志、姚震、李思浩、姚国桢等，着分别褫夺官职勋位勋章，由步军统领京师警察厅一体严缉，务获依法讯办。其政治交通等部款项，应责成该部切实彻查，呈候核夺。国家虽存宽大，而似此情罪显著，法律具在，断不能为之曲宥也，此令。"

奉军入京后曾到安福俱乐部去进行搜查，8月4日徐世昌下令解散安福俱乐部，不承认安福系为政党而认为是一个构乱机关。但又声明：

"除已有明令拿办诸人外，其余该部党员，苟非确有附乱证据者，概予免究。其各省区设有该部支部者，一律解散。"

这道命令引起曹锟、吴佩孚和长江三督的严重不满，于是徐世昌乃于8月7日补发命令：

一、"据江苏督军李纯电呈：王揖唐遣派党徒，携带金钱，勾煽江苏军警及缉私各营。并收买会匪，携带危险物，散布扬州镇江省城一带，以图扰乱，均有确凿证据，请拿交法庭惩办等语。王揖唐经派充总代表职务，至为重要，乃竟勾煽军警，多方图乱，实属大干法纪，除已由国务院撤销总代表外，着即褫夺军官，暨所得勋位勋章，由京外各军民长官饬属一体严缉务获，依法惩办，此令。”

二、“前以安福俱乐部为构乱机关，业有令实行解散，所有籍隶该俱乐部之方枢、光云锦、康士铎、郑万瞻、臧荫松、张宣或多方勾煽，赞助奸谋，或淆乱是非，潜图不逞，均属附乱有据，着分别褫夺官职勋章，一律严缉，务获惩办。其余该部党员，均查照前令，免予深究，务各濯磨砥砺，咸与维新。此令。”

并下令夺曲同丰、陈文运等人官职。随着定国军的覆灭和安福俱乐部的解散，皖系势力从此衰弱下去。

但实际上，惩治“祸首”问题根本就没有落到实处。成语曰：成王败寇。皖系被摧毁了，气焰嚣张的徐树铮也落得如丧家之犬，逃到东交民巷——通缉的十大祸首中，除了财政总长李思浩单独逃往苏俄道胜银行外，全都是躲到东交民巷日本军营内。直奉两系都要求北京政府交涉引渡，当时外交团中英美法三国公使是帮助直系的，主张驱逐罪魁，可是日本和意大利公使则持异议，所以东交民巷中只有英、美、法三国公使馆通饬所属侨民不准容留中国男子，如有容留限即迁出。北京外交部向各国公使馆行文索交祸首，日本公使馆竟坦白承认收容了十祸首中的九位，其复文云：

“徐树铮、曾毓隽、段芝贵、丁士源、朱深、王郅隆、梁鸿志、姚震、姚国桢等九人，咸来本使馆恳求保护，本公使鉴于国际上之通义，及中国几多往例，以为事情不得已而予以承认，决定对于此等诸氏加以保护。刻将此等诸氏，悉收容公使护卫队营内，并严重戒告，在收容所内，万不得再干预一切政治，且断绝与外部之交通。兹本使特通告于贵代理总长之前（此时外交总长陆徵祥称病请假，由颜惠庆署理）。本使此次之措置，超越政治上之趣旨，即此等诸氏所受之保护，决非基于附属政派之如何，而予以特别待遇，恰以该氏等不属于政派之故，是以本使馆不得拒绝收容。本使并信贵部对于此等衷意，必有所谅解也。八月九日。”

外交部接到日使复文，又致书日使云：

“敝国政府不能承认贵使本月九日通告之件，至为抑歉。刻敝国政府，正从事调查各罪犯之罪状，一俟竣事，即将其犯罪证据通知贵使，请求引渡，并希望贵使勿令诸犯逃逸，或迁移他处藏匿为荷。”

日使得书，复词拒绝：

“贵总长答复敝使本月九日关于收容徐树铮等于帝国使署兵营之通告回文，业已领悉……惟贵国大总统颁发捕拿该犯等之命令，系以政治为根据，故敝使署即视为政治犯而容纳保护之。敝使并声明无论彼等将受何等刑事罪名之控诉，敝使不能承认贵总长所请，将彼等引渡也。”

徐树铮在日本兵营里共住了三个月，后来由日本在天津的驻屯军司令小野寺帮助逃走。据说徐树铮化装成一个日本女人，被装在一只柳条箱里，由一个日本军官带进火车头等车厢赴天津。同时京津一路各站都有便装的日本兵严密戒备。小野寺帮助徐脱逃据说完全是个人的行动，不久他便因此事被调回国。后来作了国会议员。

据说小徐在柳条箱内被运走时，在箱内低哼京戏“单刀赴会”。

直到11月16日，日本公使小幡正式照会北京外交部，说徐树铮已从日本兵营逃走。这时小徐已安抵上海，住英租界麦根路一所洋房内，这所房子是卢永祥部下师长陈乐山的。

直奉军阀所迫切要解决的，不是如何承办祸首，而是由谁来控制北京政权。关于重组内阁的问题，就成为直奉都非常关心的问题。直系主张和西南实行统一之后再进行组阁，在正式内阁未组成之前，所有一切措施均归军政范围。但奉系张作霖为了把自己的势力早日伸向关内，希望有一个操行稳健，倾向于奉系的人来主持内阁，以防直系像吴佩孚这样标新立异的人物进行干政。而徐世昌认为，战后事务繁忙，也需要一个适当人物来主持中枢，协助自己收拾时局。三方经过反复磋商，最后决定成立新的内阁。关于内阁总理人选问题，三方意见也未能统一，各自都寻找自己的代理人。徐世昌主张由他的老搭档周树模担任。直系提出由王士珍组阁，他认为王士珍是北洋前辈，并无党派，与各方面均能搞好关系，并一向主张和平，由他出来组阁可以摆平各方面的关系，南北统一可成。张作霖为了控制北京政权，坚持仍由他的亲家靳云鹏组阁。三方各持己见，互不相让，后来由于周树模、王士珍均表示不愿出山，也就只好赞成张作霖由靳云鹏复任的意见。于是，靳内阁于8月11日组成。

关于总统的问题，曹锟并没有明朗的态度，但他的部下吴佩孚坚持把非法国会选举的非法总统撤换下来。吴佩孚认为，徐世昌是非法的“半面总统”，是“四肢不全的总统”。过去，他一直称呼徐世昌为“东海先生”、“五朝元老”，而不称他为总统。这次他积极主张解散安福国会，以此来取消徐世昌的大总统地位。张作霖表示反对，拥护徐世昌继续担任大总统。他认为，徐世昌虽然是安福系所选出，但后来受安福系的排挤，对安福系的专横也极为不满，并且还是直、奉方面反皖系斗争的同盟者，现在斗争胜利了，就把人家撵下台，未免太不近人情。靳云鹏赞成张作霖的意见。最后，张作霖的意见占了上风，吴佩孚只好作罢。

8月14日，曹锟、张作霖两位大帅乘坐专列进京，受到徐世昌等以帝王之礼的迎接。曹锟跑到北京帽儿胡同冯宅，向着冯国璋的遗像行礼道："四哥，我给你出了气了。在小站的时候，他就打不过我的。"

直、皖战争结束以来，天津的曹锟和北京的徐世昌，再由张作霖充任调解人，磋商战后的一切处理问题。最后经过反复协调，在关于惩办祸首、取消边防军、解散安福系等问题上基本上是按照直系所提出的条件达成了一致的意见。但在地盘分配、军费报销等议题上仍然存在着分歧。

关于军费问题，大总统徐世昌借口边防吃紧，答应给他们每人军费1000万元。关于地盘和政治分赃问题，曹锟原为四省经略使，北京政府打算改任为直、鲁、豫、晋四省巡阅使，但因张作霖只有东三省地盘，而山西督军阀阎锡山又与张作霖勾结，反对曹锟节制山西，为了分赃均衡，势力相等，最后决定改任直、鲁、豫三省巡阅使。

曹锟、张作霖两人对于分赃问题一直争执不下，迟迟不肯离京，徐世昌唯恐再争执下去生出事端，借口边防吃紧，各地经常发生兵变，请求他们早日回到任所，但他们所求未得，不肯离开。最后在徐世昌、靳云鹏的调解之下，直、奉两系勉强达成了分赃协定。

8月28日，北京政府下令撤销曹锟的四省经略使，改任为直、鲁、豫三省巡阅使，吴佩孚为副使；张作霖晋授为镇威上将军。至此，曹锟和张作霖分赃暂时告一段落，曹、张共同执掌中央大权，皖系作为中国政治舞台上风云一时的政治力量，烟消云散。直奉双方各向北京政府索要军费一千万元后，于9月4日离京返天津。

曹、张两人本是把兄弟，这次共同执掌北京政权，为了亲上加亲，掩盖他们的不睦和倾轧，到天津后，由张景惠、靳云鹏做媒，结成儿女亲家，将曹锟7岁的女儿曹士英许配给张作霖8岁的儿子张学思(后为中国人民解放军海军少将)。

联姻在中国上层社会中一直作为政治外交手段来使用，军阀时期更是如此，他们为了达到某种政治目的，大肆施展婚姻外交。曹锟、张作霖两人

为了避免相互之间的误解并保持亲密关系，防止直、奉两系的破裂，也采取了中国特有的联姻政策。

曹、张两家的婚姻聘礼仪式于9月4日下午2点在天津的曹家花园举行。花园粉饰一新，花园的正门扎起了高高的五彩牌坊，两侧树立着红、黄两面大旗，黄旗上写着“直鲁豫巡阅使”，红旗上大书着“东三省巡阅使”，真是门当户对，同是三省巡阅使，同是北京政权的“太上政府”。正厅外檐的柱子上六个大红灯笼高高悬挂，斗大的喜字贴在灯笼上。聘礼仪式由国务总理靳云鹏主持，规格之高，史所罕见。

当天晚上，曹锟在曹家花园大摆宴席，驻津各界军政要人、社会名流纷纷前来祝贺。这一天，曹家花园里里外外喜庆热烈，只有曹锟的二姨太刘夫人对这个婚姻十分不满，她不愿将自己的千金小姐嫁给一个胡子的后代，哭闹着说：“你们用儿女做买卖，我讨厌你们这些政客。”曹锟生气地说：“这是为了整个国家、民族的利益，你们妇道人家懂什么？”其实曹锟也不懂什么国家和民族，只是为了权利与地盘。

曹、张两人在天津，一是喜结亲家，二是庆贺双双荣登“太上政府”，欢天喜地，在天津逗留了一月以后，各自心满意足地回到了保定、奉天。

曹锟回到保定才知道，保定出事了：直皖战事结束后，张国荣任第15师师长，正值保定军官学校放暑假时（第八期已放暑假，第九期尚未入校）。军校作为临时收容营房，驻满了15师官兵。新上司曹锟虽宽宏大度，而吴佩孚偏激狭隘，没容人之量，对15师不相信，其部属尤甚，甚至有人想要15师的番号和人马武器。因此，对15师的饷粮供应、人员待遇就都次于直军嫡系部队。该师曾是代总统冯国璋的亲信部队，南京二次革命战争中，是袁世凯的得力武装，向驻南京，薪饷优裕，真是天之骄子，骤然遭受歧视，已欠饷数月，官兵愤愤不平，且夜间时常有人向15师驻地附近放枪挑衅，官兵们已到忍无可忍的地步。于是一天夜间，15师在不满的下级军官带领下，全部哗变，把军校的被服、图书、仪器等破坏了大部分，枪炮弹药粮饷抢走了一小部。直军调队戡乱，包围了军官学校，第十五师的官兵早已逃跑一空，直军乘机抢走军校的炮十六门、步枪两千多支，骡马三百多匹，其余的被服、图书、仪器等，相继被乱兵乱民洗劫一空，西边两排校舍也被熊熊的烈火焚毁。从清末维新以来，我国军事教育唯一的陆军学校，自速成学堂、协和学堂、军官学堂一脉相传，苦心惨淡经营了二十多年，至此付之一炬。

军校被洗劫后，保定东关附近的乱兵乱民把抢得的图书、仪器、瞄准镜、望远镜和显微镜等都以廉价卖给打鼓的(收破烂),据闻有一些日本人秘密购买去了很多。有人说军校被洗劫后,负责管理的人员感到无法交代,便放火焚毁校舍,以求完事大吉。嗣后直军第14混成旅扩编为第15师,以彭寿莘任师长,张国荣调任保定陆军讲武堂堂长。

城门失火,殃及池鱼。兵变拖累了保定军校,把保定军校烧去了大半部,仪器设备被服设施全不见了,军校只好停办。军校第八期学生为争取早日开学,组织了复校同学会,呼吁于权贵之间。工兵科学生张照光,身穿军校外出的军官服,在北京大街上拉着洋车揽客。报馆立即发表这一新闻,标题是"军官学生拉洋车"。北京各报遍登这条消息,并大肆渲染,还发表张照光对记者的谈话和张的自述,作为头版头条新闻刊登。张的自述大意是:我在保定军官学校读书,志在报国,因军校遭兵劫破坏,无处栖身,来到北京,生活无着,随身行装典当一空,仅留一身军衣不忍舍弃,为维持生计,只好拉车度日,自食其力,于公于私,光明正大,暂忍困难,等待开学,倘军校不开学,我还是继续拉车。这一行动也是对北京军阀政府的莫大讥讽。在各方面的奔走呼吁下,第八、九两期停办了两年,才于1921年10月开学。第九期学员(即1917年预备军校最后招的一批学生)亦同时入校。此时已有部分教官离校,另谋生计,又遇校长易人,拖欠教职员数月的薪金,引起索薪风潮,弄得教员不安心任教。嗣后徒手教育,第八、第九两期学生勉强迁就毕了业,从此保定军官学校就寿终正寝了。

第十一章　战后分赃

直、皖战争，皖系失败，从此退出了政治舞台。徐世昌满心欢喜，以为可以堂堂正正地做一个大总统了，万没想到，赶走了皖系段祺瑞一个“太上政府”，又来了曹锟、张作霖两个“太上政府”。而这两个“太上政府”要比段祺瑞霸道得多，一切中央政务都要干涉，没有他们的点头同意，北京政府任何问题也休想解决。而曹、张之间由于权利之争又存在着严重的矛盾，直系要保住已得利益并继续抢占地盘，奉系为扩大势力范围而不断向关内发展，双方很快形成了尖锐的冲突。在某些问题上，一个点头，一个不点头，使夹缝中的北京政府无所适从，徐大总统欲干无权，欲罢又不甘心，左右为难。

农村人的生活总是忙碌而且贫寒的

自从 1920 年 9 月 4 日曹、张两个“太上政府”离京之后，转过年来的 4 月，北京政府又积攒了一大堆问题，急需两个“太上政府”拍板。

如国会问题：皖系失败，段祺瑞所造成的安福国会自动宣布停会，处于无国会的状态中，北京政府又不想恢复旧国会，需要改造国会。

内阁问题：靳内阁的财政总长周自齐、交通总长叶恭绰都是旧交通系分子，该系首领梁士诒自己企图组阁，于是发生了以叶恭绰为核心的倒阁运动，急需改组内阁。

“援库”问题：1921 的 2 月 4 日，外蒙古第二次宣布独立，北京政府希望张作霖派兵“增援库伦”，张作霖借口积欠军饷不肯出兵。

裁兵问题：军费开支浩大。因此自袁世凯去世后的北京政府，每一个当政者都强调“裁兵”，可是没有一个办得到的。但靳云鹏却大肆吹嘘，说是在他的任内做到了“裁兵”，他举出实际数目，如边防军、西北防边军，第 11、15 两师以及张敬尧、吴光新、张宗昌等军队，合计达 20 万人。事实是不是如此呢？也可以说是，也可以说不是。原来这些军队都是在战场上战败而被裁的军队，并不是靳计划中的裁减。相反，战胜一方所扩充的军队，大大地超过了战败被裁的军队，所以实际上全国军队的数量较之战前有增无减。

村人在紧张地收割麦子

靳内阁打算各省按现有兵额一律裁减二成，全国兵额规定为39个师、10个旅，以及“和平统一”问题等等这些问题都急需要解决。靳写信给曹张二人说：截至民国10年2月止，到期应还外债达1.5亿元，各省军队纷纷索饷，实在无力应付。在这封信上也谈到援库问题，靳认为：“苟有一旅节制之师，便可扫荡，不能据为不宜裁兵之理由。”他最后还郑重地表示自己的去留决定在这件裁兵工作上，如果裁兵不能成功，自己便将挂冠。

直系的曹锟、奉系的张作霖两位巨头对裁兵问题都表示了意见，曹锟方面说：如果东三省办得到，直隶也可以办到。张作霖说：如果先发清欠饷，东三省当然办得到。张的条件，正是北京政府无法做到的。

靳云鹏内阁上台后，完全受直、奉两系的控制，任何一件国事均需取得直奉双方的同意。靳云鹏为了统一步骤，邀请曹锟、张作霖到天津举行会议。同被邀请参加天津会议的还有湖北督军王占元。20世纪20年代伊始，王占元竟成为南北之间一个大红人，由于江苏督军李纯突然死去，而湖北地当南北的要冲，他和湖南的赵恒惕、四川的刘湘都很融洽，川湘都有依赖湖北的地方，因此他不时向北京政府报告他的善邻政策有了成就，拉拢某人已获成功，某省不久即可取消自治，与四川湖南互不侵犯等等。北京政府正在殷切地盼望全国统一，以便早日向外国借款，所以王占元这些消息是最受欢迎的。北京希望透过湖北拆散西南，孤立孙中山，所以任命王占元为“壮威上将军”和“两湖巡阅使”，使他继李纯之后而成为长江三督之领袖，俨然成为一个大军阀了。

靳云鹏邀请曹锟、张作霖到天津开会，王占元变成了第三名被邀请的巨头。时称“天津四巨头会议”，也称巡阅使会议。曹锟、张作霖认为北京政府逼不出军饷来，没有什么油水可榨，并且他们不想与靳云鹏讨论关于裁兵的问题，他们关心的只是金钱、地盘和扩军的问题，对于“和平统一”、“援库”、国会等问题并不热心，因此，他们回答靳云鹏说：没有召集这个会议的必要。不过为了平衡双方之间的利益，也经不起靳云鹏的再三邀请，由京汉、京奉两路局挂出专车分赴保定迎曹，沈阳迎张。曹锟和张作霖都来到了天津。

4月15日张作霖到了天津，16日曹锟也赶到，靳云鹏遂于18日赶到天津，王占元则因河南发生战事，京汉路中阻，没有及时赶到。张作霖这次入关，随员中有袁金镐、金梁、商衍瀛、谈国桓一批复辟派，到了天津又去张园晋见废帝溥仪，加上他正竭力推荐张勋东山再起，还有逊清端王载漪也在北京出现，这些事连贯起来，北京城内外都说胡帅(指张作霖)将继辫帅(指张勋）复辟。张作霖听到这个谣言正式通电予以否认。

曹锟一到天津，张作霖亲自迎接，握着曹锟的手十分亲热地说："三哥，你看亲戚亲呢还是部下亲？"张作霖所说的亲戚是指他本人，部下是指曹锟麾下的吴佩孚。接着他又竭力挑拨曹锟和吴佩孚之间的关系，说："吴佩孚野心很大，对你不会忠诚到底的。"同时又发誓说："我绝对拥护你，如有异言，他日必死于炮火之下。"他口是心非，但日后誓言却应验了。

张作霖最恨的有两个人，一个是自号"小诸葛"的徐树铮，一个是"秀才将军"吴佩孚，这两个人都是才高气傲，从来不把这位胡子出身的张大帅放在眼里。徐树铮两次杀张作霖未遂，张作霖也想找机会杀了他。直皖战后，徐树铮作为祸首被通缉，张作霖想就此把他收拾了，但徐树铮早跑到日本使馆躲了起来，张作霖又不能冲进东交民巷把他抓出来，只好作罢。他认为吴佩孚过于锋芒外露，目空一切，非常反感。自从直皖战争直军胜利以来，吴佩孚更加居功自傲，经常与张作霖针锋相对。对直、皖战争，张作霖认为，如果没有奉军参加作战，直军不可能取得胜利，因此，奉军是这场战争胜败的关键。吴佩孚认为奉军投机取巧，坐观成败，当直军胜局已定的时候，才出兵呐喊助战，区区战功，根本不配在战后与直军平分秋色，与曹锟共掌中央。而且张作霖在直、皖之战中除了收编皖系的军队之外，还将皖系所遗军械、辎重、大炮、飞机等据为己有，运回奉天，纯系强盗行为。而直、皖战争吴佩孚认为自己是立下了汗马功劳的，认为自己在军事上取得了胜利，在政治上就应当有极大的发言权，他的主张应当受到全国各方面的特殊重视。但张作霖认为他只是一个小字辈，根本不把他放在眼里，当1920年7月26日在天津记者向他采访谈到吴佩孚时，他轻蔑地说："我所合作的是曹经略使。吴佩孚小小一个师长，全国就有几十个师长，而我手下也好几个。"

同年8月1日，吴佩孚通电全国，发表了召开国民大会的主张，这个电报发表后，全国不少团体都感到非常兴奋，纷纷通电响应，但徐世昌、靳云鹏都表示反对。张作霖向曹锟说："三哥，你看吴子玉的通电没有？我却事前一无所知。如果三哥赞成他的主张，我就通电反对。"曹锟急忙表示自己并不赞成，劝张作霖不要发火，并且表示负责叫吴佩孚撤销这个主张。当曹锟发表通电，声明"吴佩孚发通电，未得同意，应于撤回"以后，得知张作霖反对召开国民大会的电报已经发交电报局，又急忙把张作霖的电报扣留不发。曹锟电召吴佩孚速来天津当面一谈。3日，吴佩孚到达天津，曹锟劝他少发表个人意见，而且告诫他说："我们刚打完这一仗，难道又要打第二仗？"吴佩孚

的主张虽然顺应了形势，国民拍手叫好，但由于张作霖、徐世昌和靳云鹏的反对，曹锟的劝阻，终成一场幻梦，徒归空谈，放了一次空炮。此时的吴佩孚才知道，天下的事情并不是像他所想像的那么容易。从此，他便一心一意地扩充自己的实力，准备把第三师撤回到洛阳，以示“不问朝政”。4 日，吴佩孚由天津乘坐普通客车转道到了郑州，他向前来访问的新闻记者宣布了他的“四不主义”：一不做督军，二不打内战，三不干政，四不扰民。其实这只是一时的气话。他还感慨地说：“这次战争不足言功，是一件最可痛心的事情。”言外之意，对自己不够公平。

1921 年齐白石应夏午诒之约到保定，认识了曹锟，在曹锟处作了一些画，这是齐白石为曹锟画的巨幅墨笔《山水》

但吴佩孚确实是一员骁将，又是曹锟最得意的助手，直系的顶梁柱，同时也是奉系的劲敌。张作霖要想独霸北京政权，必须压倒直系，而直系的关键人物又是吴佩孚，必须首先把他打倒。所以，张作霖三番五次地挑拨曹锟与吴佩孚的关系。但是，曹锟心里明白，吴佩孚是他能与奉系共同执掌中央政权的唯一政治资本，他如何能上这位亲家的当。

天津“四巨头会议”一直等到 4 月 25 日王占元到达时才正式开会。会议地点设在天津曹家花园。这次会议与以前的督军团会议有所不同，督军团会议是军阀们和北京政府唱对台戏，而今曹锟、张作霖两人是北京政府的实际主人，并不需要打破现状，他们的目的在于取得协议，以便进行政治分赃。会议主角曹锟和张作霖事实上就是北京政府的主人，靳云鹏是等待他们协调的结果。王占元虽然参加了这次会议，但不过是忝邀列席，无足轻重，他的实力远不能与曹锟和张作霖相抗衡，只是因为他与南方的关系比较密切，希望他能在南北统一问题上起点作用。

会谈首先讨论对南问题和“援库”问题。发言最多的是张作霖。他建议任命张勋为苏、皖、赣巡阅使，统率其在苏、皖的旧部安武军2万人帮助讨伐孙中山。张作霖企图借用亲家张勋插入长江流域，扩大自己的势力。曹锟并不正面反对，提出先解决“援库”问题，认为外蒙古问题应先解决，建议派张勋为“援库总司令”。曹锟和张作霖各持己见，谁也不赞成谁，但谁也不正面反驳谁。实际上曹、张二人对“讨伐”南方和派兵“援库”都不热心，其真实目的，一个要扩张势力到长江，一个要保持自己的势力范围而已。

正式会谈是4月27日和28日两天。27日决定由北方军人联名发出通电谴责孙中山，列名的是：曹锟、张作霖、王占元、陆荣廷、谭浩明、陈光远、卢永祥、齐燮元、田中玉、赵倜、张文生、李厚基、阎锡山、孙烈臣、吴俊升、蔡成勋、杨增新、陈树藩、姜桂题、张景惠、马福祥、吴佩孚、何丰林，各省省长也被拉入，这个电报斥责广东选举总统，破坏统一。文中没有提到“讨伐”，而事后卢永祥、李厚基、何丰林都宣称事前不知，亦未同意列名，大为不满。

衣衫褴褛的农民

4月28日，开始讨论财政问题。巨头们之间不愉快的事情发生了，俗语云“谈钱伤感情”，斯之谓也。首先发言的是列席代表直隶省长曹锐(曹锟的

四弟),他埋怨内阁在分配军费问题上不够公平,他说:“直军欠饷均达半年以上,而欠奉系军饷仅两个月,却借口“援库”领到了200万元和开拔费100万元,共300万元,直军在这一段时间里仅领到50万元。”曹锐说完,靳云鹏便不以为然地解释说:“四哥,你不懂得当家人的苦处,现在各省的国税都被扣留,却张口向中央要饷,你来当当家试试,真正巧妇难为无米之炊呵!”说者毫没在意,听者大动肝火,曹锐顺手拿起一只装满茶水的杯子,狠狠地向靳云鹏的头部抛去,嘴里骂道:“你不配当家就滚蛋。”靳云鹏一看曹锐大耍流氓,顿时火起,一边跺着脚一边嚷道:“我不干,我不干了,谁干这倒霉总理,谁就是王八蛋。”看热闹不怕乱子大,张作霖推波助澜,跟着起哄,连连跺脚摇头:“糟了,糟了,快快替我预备专车,让我回去!”张作霖是希望他们吵得越凶越好,鹬蚌相争,渔翁得利嘛。

1921年解决山东问题的华盛顿会议之时,美国白宫门前的中国外交官们,前排左侧是顾维钧、顾维钧的夫人、施肇基。

事情闹到这个地步、谁也不肯退让,语言越来越激烈。在这个问题上,王占元算是局外人士,可以做个和事老。王占元便主动站起来,左面打个拱,右面作个揖,忙得团团转,苦苦劝双方冷静,要大家心平气和地讨论问题,不要伤了和气。曹锟在一旁没有吱声,无声也是支援,曹锐说出了他想说又不好直说的心里话。然而,靳云鹏怎下得了台,火气难消的他,打长途电话到北京，叫内阁替他预备辞呈，并把内务总长张志潭、农商总长王乃斌叫到天津来，准备办理移交，并将眷属接回天津，以示辞职的决心。

天津巨头会议爆出了大新闻，全国为之哗然，外间以讹传讹，竟说靳、曹两人大打出手，曹且拔出手枪来威胁靳。谣言不胫而走，传得沸沸扬扬，于是曹、张两人联名打电报到北京，请求查禁谣言，指责谣言在挑拨离间。徐世昌复电照办。

曹锟戎装像

4月29日，王占元拉着张作霖摆下一桌和事酒，请曹锟、靳云鹏、曹锐参加，曹锐仍然怒气未消，不肯前来。几个人在酒桌上推杯换盏，也把话说开了。当天曹锟、张作霖、王占元三人发出了一个拥护内阁的联名电报，也算挽回了靳云鹏的面子，靳云鹏也就不再提辞职的这回事了，一场暴风雨才算过去。

此后的几天里，巨头会议改变方式，几位“巨头”不再在会议桌上针尖对麦芒了，每日里就是忙于搓麻将、叫堂差、饮酒作乐、征歌选色等等。这样才恢复了一片“祥和”之气。巨头们麻将打得很大，输赢数字可观，动辄数十万元。靳云鹏是固定不移的输家，这倒不是他的手气不好，麻艺不高，他打的是“政治麻将”，是为了逢迎“太上政府”的一种变相贿赂方法。好在这笔钱不用他自己掏腰包，可以在总理的交际费项下报销。同时叫财政部拨款30万元，供巨头们的随员吃喝玩乐，尽情挥霍。

这一着非常有效，大帅们不好意思再谈索饷了。

巨头们从轻松气氛中谈问题，比第一二天好谈多了。

（一）关于国会问题，曹、张、王三人联名通电北方各省提前办理国会议员选举，并且疏通卢永祥，请他们不要反对。

（二）关于“援库”问题，奉系担任前方，直军担任策应。

（三）关于“裁兵”问题，暂时搁下不提。

（四）关于“欠饷”问题，也暂时搁置。

（五）关于和平统一问题，由王占元负主要责任，曹锟从旁协助。

让人大跌眼镜的是，王占元大出风头。在谈援库问题时，曹、张两人都不大出声，王占元却自告奋勇，表示湖北愿出兵两师。原来他想把在湖北反

对他的第七、第八两师调走，以除心腹之患。在谈“裁兵”问题时，他吹嘘自己消灭了吴光新、张敬尧的军队，还有鄂西民兵约六七万人，他认为这是他的“丰功伟绩”。

徐世昌一人在北京，被巨头们晾在一边，不胜寂寞，他以总统之尊，不便到天津来移樽就教，但又怕巨头们把他甩开，所以一再电邀曹、张、王三位到北京聚晤。

5 月 5 日，经徐世昌的再三邀请，四位巨头分别乘专车到达北京。当天晚上徐世昌在居仁堂设有盛宴欢迎。倒是吴佩孚斯人独寂寞，翩然乘车到郑州，下榻华商旅馆，向记者表示：“这次战争是一件痛心的事。”

商讨内阁问题。关于内阁问题，曹锟、张作霖都有各自的打算，都欲控制。因为在责任内阁制下，控制了内阁就等于掌握了中央政权。

靳云鹏内阁自从 1921 年起财政开始枯竭。靳云鹏对旧交通系的财政总长周自齐、交通总长叶恭绰十分不满。靳云鹏认为，“不去周、叶，则内阁不能存在，”并以辞职相要挟，希望曹锟、张作霖支持他改组内阁。在曹、张的支持下，5 月 14 日靳云鹏第三次组阁。在新内阁中直奉各自的势力基本上均衡。

关于直、奉两系的政治分赃问题，早在直、皖战争结束后，曹、张进京，就曾争吵不休。张作霖一直提出要将热河、察哈尔、绥远三个特区划入奉系的势力范围，并企图在安徽、山东、陕西安插自己的亲信，以实现其“问鼎中原”的野心。此次分赃，直系提出以第 23 师师长王承斌为河南督军，第 20 师师长阎相文为陕西督军。奉系提出了把西北地盘并入东北，以奉军许兰洲为陕西督军。王占元与陈树藩具有陕、鄂联防关系，反对更换陕西督军。双方分赃不均，僵持不下，后来曹、张只好坐下来心平气和地协调，最后决定调任陈树瑶为“祥威将军”，以直系阎相文继任陕西督军。张作霖兼任蒙疆经略使，热河、察哈尔、绥远三特区均归张作霖节制。

5 月下旬，曹锟、张作霖、王占元三人先后离开北京。直、奉两系虽然在分赃问题上暂时妥协，各有收获，但无法解决根本的问题，潜在危机仍然存在，反使直奉矛盾更加尖锐激化，最后不欢而散。张作霖虽在内阁成员更换上占了下风，心中不悦，但在地盘分配上却得到了热河、察哈尔、绥远三个特区，同时又兼有蒙疆经略使衔，但他仍不满足，到处寻找同盟军，竭力分化直系内部，寻找机会，企图压倒直系。

直系虽然取得了陕西地盘，但只是一个空头支票。陈树藩被宣布撤职后，指使陕西团长以上军官联名请求北京政府收回成命，并派出大批代表到西南各省接洽，准备加入“联治派”，宣布陕西“自治”。但直系岂能罢休，与靖国军成立了合作驱陈协定。陈树藩本是皖系势力，皖系一倒对陈树藩极为不利，被迫逃走。直系阎相文接任督军，因不能统一陕西，于8月2日吞服鸦片自杀。据说在衣袋内找出遗书一封，上面写着：“我本愿救国救民，恐不能统一陕省。无颜对三秦父老。”

8月5日，北京政府授命直系冯玉祥为陕西督军。8月9日，北京政府任命吴佩孚为两湖巡阅使。北京政府的这一任命令，引起了张作霖的极大不满，吴佩孚一跃成为两湖巡阅使，和他并驾齐驱，实在让他不能忍受。张作霖辞去蒙疆经略使，并宣称对“援库”问题不再负责。直奉之间因为分赃不均，逐渐从动嘴皮子向动武发展。

第十二章　大战在即

靳云鹏组阁是直、奉两系保持均衡下的产物，靳云鹏与张作霖是儿女亲家，有亲奉远直的倾向。因此，直系对这个内阁越来越觉得不满意。旧交通系利用这一时机，再次发动倒阁运动。旧交通系的中坚分子叶恭绰秘密到奉天向张作霖献策，必须控制中央财权，才能更有效地控制北京政府，他劝张作霖首先控制中央财政。张作霖在旧交通系的怂恿之下，便于 1921 年 12 月 1 日到达天津。次日，靳云鹏也应邀赶到天津。于是，二人联名邀请曹锟前来天津参加"巨头"会议，解决目前的一切重大问题。

曹锟本欲前往，吴佩孚力劝曹锟少过问北京政府的事情，多注意扩张军队实力。因此，曹锟托病未到天津。12 月 16 日，张作霖到达北京，宣称军人不干政，不过问内阁问题，此次前来，专为讨论"征蒙"问题。但是，当他见到徐世昌的时候，却大骂靳云鹏推荐的张志潭对交通事业是个门外汉，不配当交通总长，内阁必须改组才能有所作为，靳云鹏本来希望张作霖进京能帮他一把，没想到张作霖阴一套，阳一套，口是心非，到处讲他的坏话，拆他的台。这时候靳云鹏才知道自己面临着总统、奉系和旧交通系的三面围攻之中，在内外交困的形势下，靳内阁支撑了数月之后，被迫于 12 月 17 日宣布辞职，靳云鹏当天离开北京赴天津。18 日，徐世昌批准靳云鹏辞职，派外交总长颜惠庆代理内阁总理职务。

19 日，曹锟在徐世昌、张作霖的再三邀请之下到达北京。张作霖虚伪地向曹锟表示："我们两个应当合力筹款维持中央财政。"实际上，张作霖已与旧交通系约好，用投资的方式控制交通银行，他将东三省公款 400 万元提借给交通银行，按月息一分二厘，定期半年收回。他还企图合并中、交两行为中央银行，置于自己的控制之下。

这时，亲日派梁士诒突然跳出来，大肆活动，各方拉拢，企图出来组阁。梁士诒在袁世凯死后，作为帝制复辟的祸首被通缉，逃往香港。段祺瑞当政时期，梁士诒郁郁不得志。直、皖战争结束后，梁士诒便跃跃欲试，始终没有碰到机会，这次乘靳云鹏辞职，又力图东山再起。现今政治纷争，国库空虚，军队欠饷、官员欠薪，无人敢来一试，只有梁士诒这类想当总理心切的人物，胆大包天，想来尝试一下这内阁的风味，过一把总理的瘾。

梁士诒到处游说，他向张作霖表示，如果他能组阁，一定听命于张大帅，给奉军多筹军饷，并联络南方合作倒直。张作霖见梁士诒条件优厚，便答应他可以考虑。但张作霖迫于曹锟的势力，未敢包办，表示："只要曹亲家赞成，我这边没有问题。"梁士诒得到了张作霖的允诺之后，便派人联络曹锟，曹锟并不赞成张作霖提名的梁士诒出任总理，但梁士诒并不甘心，大施政治手腕、四处放风，表示自己组阁后，将迅速筹发直军军饷。梁士诒还亲自拜访曹锟，曹锟向梁士诒说："燕孙，你们可以替我筹个500万的军费吗？"这个数字实在不小，但梁"财神"并没有被曹锟的巨额清单所吓倒，心想：只管答应下来，做上总理再说，车到山前必有路，说不定到那时直系已被奉系打倒了呢？想到此，便慷慨承诺。曹锟见梁士诒如此爽快，便信以为真，答应他出任总理。

梁士诒并没有点石成金的妙手，也没有扭转财政危机的能力，即或就是有这个能力，他也不会为曹锟效力，曹锟上当受骗了。12月24日，徐世昌正式颁令，任命梁士诒为国务总理。梁士诒凭借他的三寸不烂之舌终于当上了国务总理，12月31日，曹锟离开北京，回到保定。

梁士诒上台之后，对直奉两系是看人下菜碟：对张作霖有求必应，而对直系所要求的事情，总是搪塞敷衍。直系索款，他以财政枯竭为理由加以拒绝。由于一次世界大战的结束，西方国家剩余了大量的军火。1921年11月，曹锟的北洋政府与意大利政府谈判，购买了4011吨军火，意大利经手这批军火的是其驻华使馆武官瓦尔达上校，本来说好了是装备北洋军——那当然是直系部队了。可是这些军火由天津马兹里公司从神户运到中国时，有奉系撑腰的梁士诒内阁却把它分给了直、奉二系，而且奉系还分的比直系多不少：共计运到沈阳10吨，山海关2434吨，北京60吨，天津1,057吨。直系替别人做了好饭，自己却没吃着多少。

曹锟万万没有想到，梁士诒竟敢戏弄"太上政府"，恼羞成怒，决意发起倒阁运动，除去梁士诒这个隐患。此时，梁士诒大肆进行亲日卖国外交活动，干了一系列亲日卖国勾当，引起全国各界不满。1月5日吴佩孚通电痛击梁士诒，可谓批得体无完肤，不留余地。矛头实则指向了张作霖。吴佩孚发电之后，直系各省督军、省长，如王瑚、陈光远、萧耀南、冯玉祥等也一起通

电响应。随后,张作霖也拍电中央,为梁士诒辩护。张作霖的电报,一方面为梁士诒辩护,一方面指责了直系吴佩孚,扬言:如果吴佩孚再反对梁内阁,即以“反抗元首”和“军人干政”的罪名加以讨伐。于是,由内阁问题演变成直、奉双方的对阵。直奉战争一触即发。

曹锟见梁士诒死活不下台,岂能罢休,1922 年 1 月 19 日,授意吴佩孚联络各省军阀,联名电请徐世昌立刻罢免梁士诒,并声明:“请大总统乾纲独断,立罢梁士诒以谢天下。”与此同时,吴佩孚又密电湖北督军萧耀南,循京汉路北上,他自己则调动洛阳、郑州部队集中保定,挟持北京政府。

徐世昌原指望梁士诒上台组阁能使北京政府扭转危局,对内、对外有一个新的彻底改观。但事与愿违,梁士诒上台仅仅几天,就弄出这么大的风波,使其陷入困境,因此不得不暗示梁士诒自动辞职。1 月 25 日,梁士诒愤然离京,避走天津,徐世昌并没有宣布允准梁士诒辞职,只是以准假的名义让其暂时辞退,缓和一下紧张的局势,然后宣布总理一职由外交总长颜惠庆暂时代理。

颜惠庆确实也干了点事情,那就是外交史上有名的“九国公约”签订。时间是 1922 年 2 月 6 日,“九国公约”全称为《九国关于中国事件应适用各原则及政策之条约》。是日,美、英、比、法、意、日、荷、葡和中国北洋军阀政府在华盛顿会议上签订条约,条约规定“维护各国在中国全境之商务实业机会均等”,“中国之门户开放”的“原则”。此条约是对中国主权、独立和领土完整的粗暴侵犯。此条约扼制了日本在大战时对中国的垄断权,而代之以美国为首和英、日帝国主义共同控制中国的侵略局势,毛泽东说:“1922 年美国召集的华盛顿九国会议签订了一个公约,又使中国回复到几个帝国主义国家共同支配的局面。”(《论反对日本帝国主义的策略》)

第十三章　战前准备

张作霖得知梁士诒被迫辞职的消息后，不胜恼怒，认为直系如此从中作梗，无非是想切断奉系与中央的联系，削弱奉系在中央的势力。梁士诒是他一手扶上内阁的，曹锟手下将领欺人太甚，他决意与直系对抗到底，不惜兵戎相见。

1922 年 1 月 31 日，张作霖电请徐世昌把梁士诒办理胶济铁路情由公布于众，以彰公道。不然，他就要联合其他力量代替北京政府加以制裁。此时，梁士诒见后台老板发话，也挺起腰杆，煽风点火，鼓动张作霖进兵关内，对直一战，企图依靠张作霖打倒直系，再度复任总理。

张作霖四处招兵买马，勾结皖系残余势力，联络孙中山，企图组织奉、皖、孙"三角联盟"与直系决战。

曹锟对张作霖企图独霸中央政权心怀不满，也想打垮奉系，独霸政坛。但是，他并不想立即与奉系交战，直皖战争刚刚结束，还需养兵蓄锐，扩军备战。曹锟指使吴佩孚等直系将领倒阁，只是想推倒梁内阁，杀一杀张作霖的威风，并不想和张作霖兵戎相见。因此，他声言亲家还是以和为贵，所以一再约束吴佩孚不要太走极端。同时派直军 23 师师长王承斌（奉天人）三次到沈阳表示善意。张作霖对于这位亲家曹三爷并无恶感，所以也派察哈尔都统张景惠到保定回拜。曹锟建议把北京和直隶境内的奉军调走，以免直奉两军因防区逼近而引起冲突。张作霖慨然同意，并令张景惠主持关内奉军撤退的事务。

但直系将领吴佩孚却认为张作霖公开挑衅，主张痛击奉军。曹锟一再告诫吴佩孚，不要鲁莽从事，时机尚未成熟。吴因为自己的兵力散在陕西和两湖，部署尚未周全，就遵从曹三爷的意见，且曾通电辟谣说本人和奉军决不开战。

曹锟在保定虽然倚赖吴佩孚，可是也对吴佩孚的洛阳局面存有戒心。尤其是曹三爷的左右，时时把吴佩孚的专横向曹进谗，曹锟的兄弟曹锐和曹

镆也对吴极为不满，还有曹锟所私宠的一群小人，更把吴看做眼中之钉。

奉系了解曹吴之间可以分化，所以便拼命在曹锟身上下工夫，不断强调直奉之间的问题完全是吴佩孚一手造成的，如果不压制吴，将来直奉之战必然不可避免，而直奉之战将必两败俱伤，徒给南方和皖系造机会。

3月8日，曹锟派其胞弟曹锐去奉天给张作霖祝寿，向他表示和意。张作霖对曹锐仍像往常一样，亲亲热热，有说有笑。但是一谈到政治问题，便"顾左右而言他"。曹锐见探听不出实情，满肚子的话没有机会说，只好离开张家，去找孙烈臣打听消息。孙烈臣说："咱们的大帅也想请教四爷，究竟是部下亲呢，还是亲戚亲？"

曹锐心里明白，孙烈臣所说的部下，指的是吴佩孚。曹锐对吴佩孚半年内连连升迁，早心怀妒忌，也想借奉系的势力壮大自己的声威，与吴佩孚抗衡。于是，便指天誓日地说："我们兄弟决不会纵容部下干出对不起亲戚的事情来。"还表示，奉军不必撤出关外，以保卫京、津的治安。显然，曹锐想牺牲吴佩孚以换取自己在直军的地位。但是，曹锟毕竟不是三岁小孩，军政多年，老谋深算，岂能如此容易上当。可见曹锐不但不知爱国爱民，就连胞兄也不恤廉价拍卖，曹锟知道后，也不好过于谴责兄弟，便想了一会说："等我斟酌斟酌再说吧。"曹锐不敢再多说，便告辞回到天津去了。

曹锟的长处是：他自己虽然无用，却能信任吴佩孚，虽然他有时对吴佩孚的许多做法看不惯，但是大前提下是一切都信赖和尊重吴佩孚。直系当时能一枝独秀，这是关键。

在这紧急的情况下，徐世昌要求直奉两系推荐一个双方可以同意的内阁总理，张作霖表示"拥护元首，应由元首主持"，吴佩孚则表示"军人不干政"。1922年4月初，徐世昌任命周自齐署理内阁总理，不料遭到奉系的反对。

这时，张作霖和吴佩孚均各扣留车辆，预备运兵，火药味越来越浓，双方大战在即。4月初，张作霖自任总司令，任命孙烈臣为副总司令，杨宇霆为参谋长。以保卫京畿地区为名，陆续向关内发兵。4月10日开始，奉军相继开进关内，张作霖率领第27师、第28师入关，驻扎在独流南面。奉军原在关内的第3混成旅都集中在军粮城一带。奉军以军粮城为集合地，设司令部于落垡。从军粮城、马厂、静海一直开至德州附近，处处是荷枪实弹的奉军。奉军号称镇威军，张作霖自任镇威军总司令，孙烈臣为副司令。

表面上张作霖还是说："直奉本属一家，北洋团体万无破裂之理。"（张致杨以德的电报）他还下了一道手令，严禁天津奉军损害曹家的一草一木。

曹氏兄弟是真的不愿和奉军兵戎相见的，因此对于奉军的埋首前进不予阻止，并且还节节退让。奉军开到天津前，曹锐即将省长公署的文件用具席卷而走，派警察厅长杨以德代理直隶省长，所有驻津的直军均撤退回保定，天津的文武官吏也纷纷避居租界。奉军还没有开进德州，德州的驻军曹锳（曹锟的七弟，直军26师师长）就弃职出走，径自退回保定。曹锟对这两个弃职的兄弟很不满意，他派张国熔代理师长，并将该师撤回正定。不过曹锟仍电令津浦路线直军不得抵抗奉军，所有营房及德州工厂均让交奉军，并把自己的家眷送到汉口表示愿意下台。这引起了直军将领一致不满。吴佩孚不顾曹锟指令，积极调兵准备应战。

直奉之间的关系危如累卵，双方摩拳擦掌，战鼓频催。西方国家当然非常注意中国的局势，它们似乎对直系颇表好感。美国公使休士曾当面劝告张作霖，应根据华盛顿会议的精神大举裁减奉军。英国公使艾斯顿建议不得在京奉路运兵。天津领事团根据《辛丑条约》，不许天津驻兵，并抗议奉军占领塘沽车站的行为。北京外交团曾警告直奉双方不得断绝京汉、京奉、津浦各路的交通。

北京政府派人出面调停，均无力进言，只得去请几个老前辈出面，无非是奉方的赵尔巽、张锡銮和直方的王士珍，联合起来给曹锟、张作霖和吴佩孚各拍了一个调停的电报。

曹、张、吴接到电报之后，曹、张毫无反应，没有任何表示。吴佩孚感到事情并非一封电报就能解决问题，非一战不能解决，便立即赶到保定，来见曹锟，请曹锟召集一个军事会议，曹锟也正想借会议的机会，来听听诸将的意见，再决定战和。4月11日，曹锟召集吴佩孚、曹锐、王承斌等直系高级军官在保定召开军事会议。会议由曹锟亲自主持。会上，吴佩孚、张福来首先发表意见，主张对奉一战。曹锐、曹锳两兄弟表示反对。见此情形，冯玉祥站起来说："张作霖通日卖国，举国痛恨，非声罚致讨，不足以蔽其辜。如不战而和，恐怕全国痛恨之心，将转移到我们身上来了，到那时，老帅身败名裂，恐怕悔之晚矣。"冯玉祥短短数言，打动了曹锟。其他将领见他们的态度，也一致同意一战。吴佩孚此时站起来说："将士士气如此，请老帅不要犹豫。"曹锟见众将都如此说法，也表示赞同大家的意见。

奉军大批入关，气势汹汹，摆开阵势，准备与直军一战。曹锟见此，不得不调兵遣将，任命吴佩孚为总司令，张国熔为东路司令，王承斌为西路司令，

冯玉祥为陇海路方面司令，司令部设在涿州。然后分遣军队，向北挺进。

直、奉两军摆开阵势，前卫哨兵愈接愈近，战争大有一触即发之势。张作霖穷兵黩武，首先发兵入关。当直军摆开阵势准备迎战之时，狡猾的张作霖为了推卸战争责任，于4月19日发出通电，建议召开和平统一会议，声称此次奉军入关，系以武力为统一之后盾。4月21日，吴佩孚联络冯玉祥、陈光远等督军联名通电，反唇相讥，反驳了张作霖，揭露其真战争假和平的面目，其目的是想刺激张作霖首先开战。同一天，曹锟也拟了一封回答张作霖的电报。4月25日，吴佩孚联合齐燮元、陈光远、冯玉祥等直系将领联名通电，宣布张作霖十大罪状。

张作霖也不甘示弱，当日发电报以斥责，声称直系："一味以罪恶加人为快，而自忘其躬自蹈之也。"4月27日，奉系将领张作相等人在张作霜的授意之下，也通电斥责吴佩孚，罗列罪名，攻击吴佩孚"反复无常，一意捣乱"，具有贪、鄙、狠、恶、妄、诈、不忠、不仁、不义等十恶。

数日之间，直、奉双方斥骂攻击之电，往复纷驰，不可胜数。然皆口吐和平统一，爱国爱民的美好词语，都把自己打扮成救世济民的救世主。到底谁是谁非，曲直难分，只不过是一场狗咬狗的叫骂之战。

第十四章　直奉大战

曹锟原本不想与奉系张作霖这家亲戚翻脸，兵戎相见。但是，张作霖为了独霸中央政权，却不管亲戚不亲戚，拥兵入关，节节进逼，引起了直系将领的极大愤慨，力劝曹锟与奉系决战。曹锟也看出，此时继续退让，于事无补，为了保全自己的名誉、地位、地盘，遂下决心与奉军一战。曹锟为了表示自己的决心，向秘书口授电报，发给吴佩孚，曹锟说："你就是我，我就是你，亲戚虽亲，不如自己亲。你要怎么办，就怎样办。"秘书打算把曹锟的口授电文改作文言再发。曹锟说："不必了，就用我的话打给他吧！"吴佩孚收到曹锟的电报，大受感动，倍加振奋，加快备战步伐。

在直、奉双方调兵遣将，互相攻击谩骂之际，徐世昌迫于外交使团的警告，于1922年4月28日颁布命令，劝告直、奉双方撤兵。命令说："国家养兵，所以卫民，非以扰民也。"双方如能撤兵，则"奠基邦基，有厚望焉"。徐世昌虽语言诚恳，但直、奉已剑拔弩张，谁还肯听徐大总统说些什么。何况这时直、奉虽然对立，但痛恶徐世昌是一致的，直方想捧起黎元洪，奉方想拥戴段祺瑞，都想在战后实现自己的愿望。因此，徐世昌的命令只是一纸空文，毫无效力。

4月21日浙督卢永祥建议请曹、张两人到天津举行一次面对面的会谈，讨论如何减轻紧张的局势，撤退双方的军队，达到和平。这个建议得到田中玉、齐燮元、何丰林、陈光远、张文生的一致支持。他们请卢永祥领衔发起一个联合调停会议。

奉系这时因为南方局势有变化，孙中山的北伐军不能出动，而北洋海军总司令蒋拯在上海宣布亲直反奉，张作霖的反直联合阵线未能形成，所以很希望局势暂时缓和下来。可是吴佩孚却利在速战，4月21日吴佩孚、齐燮元、陈光远、田中玉、赵倜、萧耀南、冯玉祥、刘镇华等联名通电向奉系挑战：

"慨自军阀肆虐，盗匪横行，殃民乱国，盗名欺世，不曰去障碍，即曰谋统一。究竟统一谁谋？障碍谁属？孰以法律事实为标题？孰据土地人民为私

有？弄权者何人？阋墙者安在？中外具瞻，全国共见，当必有能辨之者。是故道义之言，以盗匪之口发之，则天下见其邪，而不见其正。大诰之篇，入于王莽之笔，则为奸说；统一之言，出诸盗匪之口，则为欺世。言道义而行盗匪，自以为举世可欺，听其言而观其行，殊不知肺肝如见，事实俱在，欲盖弥彰，徒形其心劳日拙也。佩孚等忝列戎行，以身许国，比年来为国锄奸，止戈定乱，无非为谋和平统一耳。区区此心，中外共见。无论朝野耆硕，南北名流，如有嘉谟嘉猷，而可促进和平者，无不降心以从。其有借口谋统一，而先破统一，托词去障碍，而自为障碍者，佩孚等外体友邦劝告之诚，内拯国民水火之痛，唯有尽我天职，扶持正义。彼以武力为后盾，我以公理为前驱，得道多助，失道寡助，试问害民病国者何人？结党营私者何人？乱政干纪剽劫国帑者又何人？舆论即为裁制，功罪自有定评。蟊贼不除，永无宁日。为民国保庄严，为华族存人格，凡我袍泽，责任所在，除暴安民，义无反顾。敢布腹心，惟海内察之！”

曹锟态度由软弱转变为强硬，直奉之间局势更加恶化。直系的军队有王承斌所辖的23师原驻保定附近，张国熔的26师回驻马厂之南，张福来的24师在4月中开驻涿州，第10、15两混成旅和第二、第三两补充团，本来驻在高碑店，也由吴佩孚全调北上，至琉璃河驻扎。其余如第3师和第12、13、14三个混成旅都奉调北上，进驻涿州、良乡、清河等处。冯玉祥的第11师、胡景翼的暂编11师、吴新田的第七师、刘镇华的镇嵩军、张之江的第22混成旅、张锡元的第1旅，陕西陆军第一、二两混成旅都出潼关，进驻郑州一带，军势甚壮。

4月22日曹锟答复张作霖的养电如下：

“民国肇建，战祸频仍，国本飘摇，民生凋敝。华府会议以来，内政外交，艰难倍昔，存亡之机，间不容发，国内一举一动，皆为世界所注目。近者奉军队伍，无故入关，既无中央明令，又不知会地方长官，长驱直入，环布京津。锟以事出仓促，恐有误会，是以竭力容忍，多方退让。乃陆续进行，有加无已。铁路左右，星罗棋布，如小站、马厂、大沽、新城、朝宗桥、惠丰桥、烧炮盆、良王庄、独流、杨柳青、王庆坪、静海以及长辛店等处，皆据险列戍，以致人民奔徙，行旅断绝，海内惊疑，友邦骇怪。锟有守土之责，何词以谢国家？何颜以对人民耶？向者国家多故，兵争迭起，人民痛苦，不堪言喻。设兵事无端再起，不惟我父老子弟惨遭锋镝，国基倾覆，即在目前。言念及此，痛心切首！顷据张巡阅使皓日通电，谓：‘统一无期，则国家永无宁日，障碍不去，则统一终属无期。是以简率师徒，入关屯驻，期以武力为统一之后盾。'锟愚窃谓统一专以和平为主干，万不可以武力为标准，方今人心厌乱已极，倚恃武力，必失人心，人心既失，则统一无期，可以断言。皓电又谓：'统一进行，如何公开会议，如何确定制度，当由全国耆年硕德，政治名流，公同讨论。'似此则解决纠纷，必须听之公论。若以武力督促其后，则公论将为武力所指挥，海内人心，岂能悦服？总之张巡阅使若以和平为统一之主干，此正锟数年来抱定之宗旨，在今日尤为极端赞同，尤望张巡阅使迅令入关队伍，仍回关外原防，静听国内耆年硕德政治名流之相与共同讨论。若以武力为统一之后盾，则前此恃武力统一主义者，不乏其人，覆车相寻，可为殷鉴。锟决不敢赞同，抑更不愿张巡阅使之持此宗旨也。锟老矣，一介武夫，于国家大计，何敢轻于主张。诸公爱国之诚，谋国之忠，远倍于锟。迫切陈词，宁候明教。"

张作霖接到曹锟的电报，获悉曹锟兄弟态度转变，直奉之战已不可避免，气得他暴跳如雷，但因曹既然有电给自己，"来而不往非礼也"，不能不答复，张的漾电于23日发出，文曰：

"顷接曹巡阅使通电，谅已达览。惟对于此次奉军入关经过情形，确与事实不符，当再详晰陈之。查从前奉军原驻关内者，不过一师两旅，直皖战争以后，因京畿地面空虚，酌增两旅。并经曹使面告以南方不靖，请以西师兵力援助。年余以来，奸人挑拨，猜疑叠起。作霖鉴于各方情势，为息事宁人计，即于今年一月决计撤回。乃甫经动议，大总统饬派鲍总长，曹使遣其令弟曹省长，先后东来，谆谆挽留，曹使来电，且有'弟如决计撤兵，兄即辞职'之语，电牍具在，可复按也。作霖当时以大总统既再三传谕，曹使又情意殷殷，公义私情，无可诿卸，即允遵谕留驻。惟各军久驻关内，训练检阅，劳逸不均，当拟先行输入一部分换防，并与曹省长高洽，酌添少数军队，以资联防。曹省长并谓'奉直两军驻在一处，且看有无冲突'一语，时有大总统所派之鲍总长在座，共见共闻。论为'既无中央明令，又不知会地方长官'。然则鲍总长非大总统特派之总长，曹省长非直隶之长官乎？且此次所称奉军所驻地点皆从前奉军原驻之地，并未扰及人民一草一木。乃前队甫经过津，而曹省长即弃津不顾，马厂驻军亦弃炮退走，涿州琉璃河方面则挖壕备战，郑州方面则积极调兵，对于奉军决战之阴谋，乃完全披露。而吴佩孚平日所谓'不扫灭奉天，不能横行'之声言，与曹使从前之巧使吴佩孚詈段合肥，而个人则以'并不知情'四字为隐身符，其策划乃复施于作霖矣。此即奉军进兵

之事实，与曹使所谓‘竭力容忍，多方退让’之经过情形也。至于统一问题，作霖通电措词，系‘以武力为统一之后盾’，曹使颠倒其词，竟称谓‘武力统一’，则此电文具在，乃欲以一手掩尽天下耳目耶？总之奉军如无益于直，则撤退可也，留之何为？留之而又诬其启衅，诬其扰民，其心安在？种种事实，谁为启衅？是非功罪，自有公论，决非口舌笔墨所能强辩，霖与曹锟亦决不作此无谓之争。第恐真相不明，听闻淆乱，用再通电陈明，敬希鉴谅是幸。”

4 月 25 日，张作霖终于翻脸了，他发表通电痛骂他的亲家曹三爷，骂曹一生行事模仿他的“祖先”曹操，是个口是心非的奸雄。电报指摘直皖战前吴佩孚痛骂段祺瑞实际是曹锟的指使，但曹伪装不知情，后来曹张在天津见面时，却又自己道出真情。这是张直接攻击曹的开始，在此以前张只攻击吴而不及曹，现在既然亲家相骂，可见直奉之间已经千钧一发了。张电如下：

“我哥通电，均经奉复。对于奉军入关一事，大意尚须奉质者，请再详言。来电所称‘不奉中央明令，不告本地长官’两语，已将奉军经过事实，明白通电。其是否不奉中央明令，不告地方长官，明眼人皆能明晰。弟姑援一成例言之，为我兄弟相共研究之资料。前年直皖战争，我兄首统雄师，直趋畿甸，岂亦奉有中央明令耶？涿州、良乡、琉璃河附近，皆京兆尹地面，非直隶辖境，亦通知该管长官耶？至于武力为统一之后盾，决非‘武力统一’四字所能解释。就使断章取义，为谋统一而兴兵，较之为地盘而兴兵，为公为私，岂可同日而语耶？试问上年湘鄂之战，为公乎？为私乎？如其为公，何以不予督军，则称菊人先生，顿兵衡阳，以为要挟。任为巡阅使，则称我大总统。决水灌堤，以祸人民也。昔贤云：‘苟不欲人加诸我也，吾亦欲无加诸人。’我哥不此自责，而乃强诬奉军以不奉命令，武力统一，何不稍加反省，乃竟冲口而出也？吴佩孚之骂段合肥也，吾哥曾嗾使之，此吾哥与弟亲言，不敢相诬也。今则以施之合肥者，将施之于弟矣。犹对众通电云：‘事事退让。’只许我负天下人，不许天下人负我，虽魏武一生得意之语，后世即以此为奸雄二字之歌诀。在汉魏专制时代则可耳。若大同之世，天下为公，一举一动，皆当适合人民公意。项城晚年一用手段，则群起而指摘之，卒致败亡，近事可为殷鉴。吾兄老矣！文字之间，或未暇详究，一味以罪恶加人为快，而自忘其躬自蹈之也。与其使天下后世阅吾哥之通电，摘其阴私而诟谇之，不如俯采微言，自为更正，不失为改过不吝之英雄也。诗云‘慎尔出言’，愿吾哥三复之，无听市井无赖之狺狺狂吠，犹掀髯大笑，以为得计，则非弟所敢知矣。”

时局演变到此，不可收拾，于是第一次直奉战争终于爆发。

28日张作霖赶到军粮城，发出宣战通电，把战争的责任完全推到了曹锟、吴佩孚的身上。当天晚上，张作霖下令，分兵两路，向直军开战。

从4月29日到5月3日，直奉双方都捏造战报吹嘘自己胜利。张作霖且俨然以战胜者自居，每天都有告捷电报发表。直军则随心所欲地发布号外，说北京政府已将张作霖免职，且派张锡銮为东三省巡阅使，冯德麟为奉天省督军。

4月29日前，直奉两军前线已有零星接触，枪炮声断断续续；29日双方正式开火，在北京可以听到长辛店传来的隆隆炮声，不少外国人怀着好奇的心情，冒着生命危险前往战地观战。

奉军西路首先在长辛店向直军开火，接着东路马厂、中路固安也发生激战。西路战斗最为激烈，直军司令吴佩孚亲赴长辛店督战。直军将士见总司令亲至，士气更加高昂，进攻尤为激烈。奉军张景惠见直军进攻勇猛，传令炮兵队用排炮扫射，不料吴佩孚早有准备，伤亡不大。双方激战一昼夜，奉军炮弹用尽，后方接济未到，炮火便停了下来。吴佩孚见奉军炮火稀薄，便向董政国说："敌方的炮火已尽，我们不乘此机会进攻，更待何时？"董政国传令冲锋，一时间，直军奋勇向前，奉军抵挡不住，正欲退却，奉军梁朝栋帅援军赶到。张景惠、梁朝栋并力合击，直军死伤甚多。吴佩孚传令急退，奉军乘势追赶，追到良乡附近，直军退入城内。奉军见直军入城，准备包抄袭击，不料，刚到城边，忽然地雷爆炸，把奉军炸得东逃西窜，死伤数百人。张景惠慌忙传令，退回长辛店。

直军见奉军退去，正想反攻，恰巧直军援兵赶到，合为一股，并力反攻。此时，奉军一股援兵也从侧面攻来，直军只好下令退回良乡。张景惠乘势进逼，吴佩孚又传令退军涿州。5月2日，奉军占领良乡。

直军王承斌得知西路直军屡屡退败，便亲自率部连夜增援。吴佩孚见到王承斌，开玩笑地说："我军正在胜敌，你来干什么？"王承斌怔了一下之后也笑着说："特来庆贺。"吴佩孚握着王承斌的手笑着又说："你知我何故撤退？因我探知敌军的军火弹械，都在三家店，所以诈退诱敌，一面分兵去三家店，焚烧他们的辎重，使其救应不及，我们再从正面向他急攻，岂有不能破敌之理？现在你来恰好，可代我挡住正面，我自己领兵去破三家店。"于是，王承斌率部和张景惠接战，吴佩孚攻打三家店。

奉军以为直军屡败，涿州指日可下，进攻更加猛烈。王承斌竭力抵抗，阻挡奉军。两日后，奉军忽然败退，王料定吴佩孚攻击三家店已经得手，张

景惠撤兵回援。于是,王承斌便传令追击。奉军大败,仍退回长辛店。直军克复良乡,正待进军,吴佩孚率军返回。

原来正当吴佩孚率部包围三家店准备进攻时,奉军援兵从丰台赶到,两军夹击,吴佩孚只好退回。当即,吴佩孚、王承斌、董政国商量下一步对敌之策,决定由董政国率部为左翼,进攻三家店;王承斌为右翼,进攻丰台;吴佩孚担任中锋,进攻长辛店。

张作霖坐镇军粮城,也看出长辛店的得失关系到全线的胜败,因此,命邹芬前往支援,并下了死令,说:"你们丢了长辛店,不必再来见我。"邹芬到达长辛店,向张景惠传达了张作霖的命令。于是,张景惠、邹芬、梁朝栋便加紧布防,固守长辛店。

5月4日,吴佩孚亲自督军进攻长辛店,奉军奋力抵抗,当晚,吴佩孚选拔精兵,绕到奉军的背后,第二天清晨直军突然扑向卢沟桥,使长辛店的奉军腹背受敌,防线动摇。奉军梁朝栋奋不顾身,率兵冲击,突然一颗子弹飞来,从梁朝栋前心穿过,当即身亡。奉军主将一死,队伍自乱。直军乘势冲锋,奉军纷纷溃退。张景惠一看制止不住,也只得拍马而走。邹芬还想死战,不料左腿也中了一弹,便负伤而逃。直军挥师前进,大获全胜,占领长辛店。

奉军大败,退至卢沟桥扎营。张景惠十分伤感激愤,准备誓死夺回长辛店。于是张景惠率部与直军再战,血战十余小时,击退直军,克复长辛店。直军吴佩孚率部退出数十里,到大灰场扎营,探报左路直军还在相持之中,不能抽调支援,自己所率兵力又少,无法支持。

正在此时,冯玉祥率部来援,依照冯玉祥的计策,冯玉祥率小股部队与奉军正面交战,奉军见直军人数很少,战斗力又不强,便仗着大炮的威力,拼命向前攻击。直军且战且退,直退到数十里。这时吴佩孚绕到奉军背后,前后夹击,奉军大败,冲出包围,逃往丰台。

吴佩孚再次克复长辛店,但是还没有来得及休息,张作霖加派了几个旅的兵力配合张景惠,重新夺回长辛店。吴佩孚奋勇抵御,短短几天之间,屡进屡退,长辛店得而复失竟达9次之多,双方伤亡惨重。最后,还是张景惠抵挡不住,败溃而走,长辛店被直军占领。

第十五章　风流大帅

1922年5月3日，正当直奉两军大战长辛店，炮声轰轰，硝烟弥漫，胜败难分之际，直系首领曹锟却像没那么回事似的，在保定的“光园”大摆宴席，为他心爱的姨太太做寿。邀请北方著名男女优伶来保定堂会。一时间“光园”热闹非凡。

曹锟像

曹锟早听说天津有个名旦叫筱菲菲，不仅戏唱得好，而且天香国色，倾倒了无数达宫贵人。因为曹锟近年来一直忙于争权夺利，做副总统的美梦，无暇坐下来邀请筱菲菲给他唱戏，今天，曹锟乘给五姨太大做寿之机，邀请筱菲菲来保定一会。

曹锟坐在大厅里，顾不得身边的姨太太，眼盯着戏台不放，一心想要好好看看这位名旦。当筱菲菲一出台亮相，秋波频传，喜得曹锟心花怒放，喝彩不绝，早忘了身边还有个姨太太。筱菲菲也久仰曹锟大名，但一直没有机会相见。这时筱菲菲在台上一双美丽动人的大眼睛不时地向曹锟暗送秋波。这位名动天下的曹大帅，虽然算不上仪表堂堂.但身材魁梧，精神饱满，颇有将军风度。俗话说，英雄爱美女，但美女又何尝不爱英雄呢？此时的筱菲菲对曹大帅也泛起了敬佩爱慕之情。

台戏一直唱到三更才结束，演员们都站在台上等候曹大帅上台接见。曹锟毫无倦意，神采奕奕地大步走上戏台，向众演员们一一道谢。当曹锟走到筱菲菲面前时，筱菲菲向曹大帅道了个万福，一面柔声说：“大帅好，小女子有礼了。”曹锟高兴地紧紧握着筱霏霏的手说：“你好，你好，你戏演得好，人更长得好。”接见完毕，曹锟命令副官，赏给戏班子大洋200元，另有赏给筱菲菲本人大洋1000元。第二天，姨太太的做寿还没有收场，曹锟便偕筱菲菲

秘密去了天津。

这时，直军在前线打败奉军，捷报飞来，身边又有美人陪伴，曹锟格外兴奋，就题发挥，滔滔不绝地向筱菲菲大谈自己治军如何有方，直军作战如何英勇，以及自己救国济民的远大志向。曹锟的一番演说，听得筱菲菲心悦诚服，对曹锟更加敬佩。再加上金钱、美酒、别墅，不由得筱菲菲不投向曹锟的怀抱。

曹锟向来是一个好色之徒，只要他瞧得上的绝不放过。所以，曹锟绯闻颇多，非止一端。1921年冬天农历十月二十一日（阳历12月），曹锟庆60大寿，六旬已是高寿了，这位曹三爷又是功业鼎盛之期，自然更要热闹一番。吴佩孚特从湖南赶回保定任总招待员，各省军政要人亦纷纷前来祝寿。一时保定车水马龙，富贵荣华，热闹非凡。曹锟酷爱京剧，先一星期就由四省经略使署传谕北方著名男女优伶梅兰芳、余叔岩、杨小楼、程砚秋、尚小云、白牡丹、小翠花等名角前来保定堂会，酬以重金。生日这天，在保定四省经略使署大摆宴席，邀请名旦、小生，日夜登台演唱，演戏七天，犒赏达三十万块银元，其出手之阔绰，一时无两。

上世纪七八十年代的光园外貌

达官显员无不巴结，有来献寿礼的，也有来献美人的。时有陆军部次长陆锦为讨好曹锟，把一个相好的刘喜奎带给曹锟，并唱堂会三天。

刘喜奎成名全赖陆次长竭力捧场，但刘喜奎心中对这位次长本无爱恋可言，又不好翻脸，只得耐着性子赔着笑脸。陆次长却不知这位美人的深心，只当刘喜奎喜欢他，经常出入刘喜奎的住宅，并把肉麻的当众夸耀引为无上光荣。

恰值曹锟寿辰，陆次长亲陪刘喜奎前往保定给曹锟唱堂会三天，以表对曹锟的谄媚之意。谁知把一个心爱的小羔羊送入了虎口，曹锟对刘喜奎动了心思。曹锟也早知道刘喜奎的艳名，只是没有倒出时间来琢磨。今天由陆次长送上门来，岂能放过。堂会戏唱完，曹锟赏赐了一些银元之后，便将刘喜奎留进内院，又唱了几出秘戏。

这样一来，把个陆次长弄得求荣成辱，不知如何是好。向曹锟索要吧，又怕惹得曹大帅不高兴；不要吧，又实在舍不得这个小美人，左右为难。曹锟得了刘喜奎，爱不释手，不肯放行，准备纳她为妾。陆次长听到这个消息之后，如同五雷轰顶，弄得如醉如痴，实在是走投无路，逢人便说："完了，完了，糟透了，糟透了。"

今天残破的光园

曹锟要纳刘喜奎为妾，消息传到正室太太郑氏的耳朵里，心中好大的不快，也不暇征求曹锟的同意，趁他外出的机会，把刘喜奎叫来，问明原由。刘喜奎一听是正房太太，不知真相，怕惹出麻烦、不好收场，曹锟又不在家，只得见机行事，谎称自己有丈夫。郑氏便追问："丈夫是何人?"刘喜奎一时回答不出来，只得暂借陆次长的牌头挡一下，便说："陆军部陆大人。"郑氏听了，回顾侍妾们冷笑说："你们瞧瞧，老头子越发荒唐得不成话了，一则是大员的夫人，二则是大家还是朋友，亏他做出这等禽兽行为。"侍妾们也希望郑太太作主，速将刘喜奎送走，免得宠擅专房。大家你一言我一语，再三怂恿，郑太大便于当天夜里将刘喜奎放出府门，派一名当差送回京城。

曹锟自刘喜奎走后，郁郁寡欢。曹锟生性仁厚，得志不忘原配郑氏，仍旧敬畏，不敢再提及此事。但曹锟并没有死心，背着郑氏屡向各方面打听，得知刘喜奎并未嫁给陆锦，不过是假借陆太太作个牌头，并知陆锦还在苦苦追求刘喜奎。不管怎么说，与陆锦还是朋友，曹锟强忍欲火不再插足。

但事隔数日，陆锦突然来访，曹锟立即召见，寒暄之后，陆锦对曹锟说："本人并没有娶喜奎为妾之意思。自从喜奎承大帅雨露之恩，本人身受栽培，尤其不敢在喜奎跟前稍存非礼之行，致负大帅载成之德。不料有内部员司崔某，混名小菜的，他自恃年轻貌美，多方诱惑喜奎。喜奎原不敢忘大帅厚恩，只因小崔屡说大帅身居高位，心存叵测，将来一定没有好结果，还说了许多混账的话，他能说得出口，我却传不出口。因此喜奎息了嫁给大帅的念头，居然和小崔十分亲密起来。大帅军务繁忙，政务劳神，本不敢以小事相告，只因这小子信口造谣，胆大妄为，不但与大帅的名誉有关，而且恐因此惹起政府误会，与大帅发生恶感。在大帅本身并没什么关系，倒怕国家大局，发生不良影响，归根结底，大帅还是不能辞咎，所以专程来保定，向大帅禀报一声，大帅看该如何办法?"曹锟听后，拍案大怒，醋性大发。

原来刘喜奎被郑太大放走之后，陆锦听说刘喜奎已回来，立即去见，刘喜奎躲在屋里，拒不见客。后来陆锦才知道，刘喜奎有了一个情深义挚的意中人崔承炽，是内务部的一个职员。其实职位不高，薪水也不多，只是长得眉清目秀，年轻潇洒。陆锦觉得自己连一个小职员都斗不过，从此就会名誉扫地，想出了一个借刀杀人的主意，于是跑到保定，向曹锟说了这番话。

曹锟听后，又羞、又怒、又妒、又感，羞的是刘喜奎被夺，怒的是刘喜奎上当，妒的是崔承炽的艳福不浅，感的是陆锦忠义。曹锟被激，一怒之下，电请国务院重办崔承炽。崔承炽料知大事不妙，闻讯而逃，据说与刘喜奎避居天津。陆锦得知刘喜奎与崔承炽逃走，十分后悔，本人竟成了陌路萧郎，连一面也见不到了。

过不多日，崔承炽与刘喜奎结婚的消息传播京、津，各地报纸纷纷刊载二人的小照和结婚的消息。甚至消息灵通的报馆，竟连带将曹锟、陆锦两方情场角逐和失败于小崔之手的一段艳情内幕，也尽情刊登出来。这样一来，不但陆锦丢尽了颜面，就是身居高位的曹经略也面上无光，心中大为不快。曹锟本是一个直爽之人，心有所思，面上就遮掩不住，顿时长吁短叹，郁郁不乐。后来在左右的再三劝解之下，总算不再提及刘喜奎这件事了。

中国近代军阀们所感兴趣的不外乎有三样东西：金钱、美女和地盘。而绝大多数军阀胸无大志、往往以色为先。有多少军阀甚至连自己的姨太太有多少都不知道，至于情人更是不能胜数。如山东的张宗昌，人称“三不知将军”，不知兵有多少，不知钱有多少，不知姨太太有多少。这些军阀们，除了你争我夺，用兵敛财之外，还要寻花问柳，他们根本不管人民的死活。像曹锟这样淫荡，作为一个军阀本不为怪，但他在前线战火纷飞，将士死伤惨重，战局胜败未定的情况之下，仍在后方寻欢作乐，大摆宴席，为他的五姨太太做寿，拥抱名旦入眠，可说是少见。

直、奉大战结束，吴佩孚风尘仆仆地来到天津向曹锟汇报战况，听说曹锟的“光园”做寿，天津风流韵事之后，心里好大的不高兴，便对曹锟说：“老帅，眼下正是多事之秋，张作霖虽然战败，但实力仍在，后患未除，赵氏兄弟又在河南谋反，广州孙中山更是跃跃欲试，准备北伐。在这种紧要关头，不能再成天泡在温柔乡中。”

此时曹锟仍然沉浸在与筱菲菲的柔情之中，兴致正旺，突然被吴佩孚泼了一盆冷水，心中好大的不高兴。但是，吴佩孚毕竟为了直系的大计，为了他本人着想，何况曹锟对吴佩孚一向是言听计从，吴佩孚又为他在前线拼死冲杀，立下汗马功劳，他也就没有怪吴佩孚。因为曹锟还要依靠这位能征惯战的爱将支持他当大总统呢。于是，曹锟便在吴佩孚的开导之下，暂时放弃与筱菲菲的温情，抖擞精神，处理战后事宜。

今天的保定光园。现在的光园只剩下了残破的主体建筑和西北角、东南角的部分平房。整个光园的建筑外墙已失去昔日的芳华，融贯中西风格的雕梁画栋也找不到丝毫踪迹。

第十六章　旗开得胜

直、奉两军大战长辛店。5月4日，奉军西线第16师突然停止战斗，奉军全线震动，并牵动整个奉军土崩瓦解，退回北京一线。当天，直军占领长辛店。奉系第16师原是直系首领冯国璋的旧部，师长王廷桢被奉系赶走，改派邹芬继任。奉系把该师摆在前线攻打直军，正和两年前皖系把原属冯国璋的直系第15师摆在前线充当先锋一样，他们遇有适当的机会，就要倒戈相向或者不战而退，这是理所当然的事情。第16师的倒戈是这场战争绝胜败的重大因素。当日长辛店就被直军占领，奉军大败退至北京。而当天退回北京的奉军以及原来驻京的奉军，都被惯于打落水狗的北京驻军包围缴械。

奉军东路原本连连获胜，连克大城、青县、霸县等地，但是张学良受伤，不能继续进攻。西线失败的消息传来之后，军心大乱，士气大减，斗志消失。直军占领长辛店之后，乘胜前进，进占落垡，士气大振，乘势猛攻，李景林支持不住，死伤惨重。兵败如山倒，奉军各路纷纷向山海关方向溃退，张作霖见败局已定，被迫下令退却。

5月5日，张作霖只得将司令部移到滦州，并设了四道防线。在奉军司令部移到滦州的同时，直军也集中兵力建立防线，虽然大战已停，但前锋部队仍经常有小的战斗发生。

直、奉大战，直系大胜，这是徐世昌最不想看到的结局，但事实面前，他也不得不去调整、适应。5月5日，徐世昌在曹锟和吴佩孚的逼迫之下连下两道命令，第一道命令要求奉军撤出关外：

“前以直隶、奉天等处军队移调近畿一带，迭经令饬分别撤退，乃延不遵行，竟至激成战斗。近数日来，枪炮之声不间昼夜，难民伤兵络绎于道，闾阎震惊，生灵涂炭，兵凶战危，言之痛心。特再申令，着即严饬所部，停止攻击。奉天军队即日撤出关外，直隶各军亦应退回原驻各地点，均候中央命令解决，务各凛遵！此令。”

第二道命令要求惩办罪魁祸首：

“此次近畿发生战事，残害生灵，折伤将士，皆由于叶恭绰、梁士诒、张弧等构煽酝酿而成，实属罪无可逭。叶恭绰、梁士诒、张弧均着即行褫职，并褫夺勋位、勋章，逮交法庭，依法讯办！此令。”

查办令未下将下时，梁士诒的左右劝梁通电声辩，梁说：“洪宪之役我也是罪魁祸首，替人受过，今天又何异于前？张江陵答吴尧山说：二十年前曾有一宏愿，愿以身为蓐荐，使人寝处其上，溲溺垢之，吾无间焉，有欲割取吾耳鼻者，吾亦欢喜施与。我虽然不敢自比江陵，但亦心向往之。查办令下，正好放舟海上，回家侍奉老父。”

4日晚，有一通长途电话从北京打到天津梁士诒的寓邸，请梁接听，打电话的是代理国务总理周自齐。周说：褫职令将下，自己代理总理，应该副署，可是深感对不住数十年的老朋友，所以先行奉告，请求谅解。同时劝梁即日离津，怕未来局势变化无法控制。梁答：“谢谢子廙（周自齐）兄，并请代我转谢东海（指徐世昌）。多承关爱，永铭五内。我们两人相交数十年，亲若手足，将来历史上记载说周自齐副署查缉梁士诒，也是政治史的一段趣话呢！”叶恭绰褫职后，由高凌霨代理交通总长。7日，梁士诒偕叶恭绰、刘展超、郑文轩、王季子、黄质中、李达牧等离天津赴日本，卜居长崎。

10日，北京政府在直系的再三催促之下，不得不下令惩治张作霖，裁撤东三省巡阅使，免去本兼各职，听候查办。

11日，北京政府又下令裁撤蒙疆经略使，并根据直系的意见，调任吴俊升为奉天督军，任命冯德麟为黑龙江督军。徐世昌的命令，对于张作霖来说只是一纸空文，当他接到命令时，只骂了一声“放屁”，随后便置之不理了。同一天，东三省议会联合会和沈阳各团体通电不接受北京政府罢免张作霖的“乱命”。

12日，张作霖在日本帝国主义支持下，于滦州宣布独立，改称奉军总司令部，发表声明说：

“……对于友邦人民生命财产力加保护，所有前清及民国时期所订各项条约，一概承认，此后如有交涉事件，请迳行照会滦州本总司令行辕。自本月一日起，所有北京政府订立关于东三省、内外蒙、热河、察哈尔之条约，未得本总司令允许者，概不承认。”

同一天，直系指使北京外交部照会各国公使：“今后东三省一切事务，非经中央政府核准，概作无效。”

奉军在秦皇岛附近陈庄、牛庄一带曾与直军前敌司令、暂编第1师师长

彭寿莘，副司令、第15混成旅孙岳两部接触。孙岳是曹锟的养子，清末由第三镇炮兵排长一步步提升为管带，因参加滦州起义，几乎被杀，是曹锟暗中通知他逃走的。直皖战争时是直军的团长，现在则升到旅长了。从6月8日直奉两军战至13日，奉军一度获得胜利，沈阳且曾举行祝捷大会，大肆宣传，可是直军却九门口转败为胜。13日沈阳各国领事联合向张提出警告，认为榆关战事影响国际列车的安全，张作霖不得已乃接受了英国教士扬古、美国教士普来德为中间人的停战建议。

19日，英国以保证开滦矿局的安全为借口，要求奉军撤出滦州。在英国的干涉之下，奉军撤往昌黎。

20日，东三省议会宣布"联省自治"，推举张作霖为东三省保安总司令兼奉天省长。

6月4日，张作霖自称东三省自治保安总司令，再次发表"闭关宣言"。

6月17日，直奉双方在英国的干预下进行停战议和。次日，直军全权代表王承斌、彭寿莘、杨清臣，奉军全权代表孙烈臣、张学良，在秦皇岛海面英国克尔富号军舰上签订了停战条约，两军以山海关为界驻防。

19日起奉军撤出关外，直军除酌留一部驻防榆关外，大部撤回原防。关于张作霖的地位问题，北京政府拒绝撤销5月10日的处分命令，东三省省议会仍请张担任东三省保安总司令，并加推孙烈臣、吴俊升为副司令，对北京政府仍然保持独立的姿态。

至此，第一次直、奉大战降下帷幕，以直系军阀大获全胜、奉军失败而告终。直系军阀从此完全控制了北京的中央政权。

直系通过这次战争，把奉系赶回关外，独家主宰北京政权，上下欣喜若狂，纷纷狂呼"直系即中央"。曹锟、吴佩孚不禁为之大振，想乘机一举统一全国，号令天下。战争过后，梁士诒被赶下台。曹锟想让王士珍出来组阁。王士珍虽非绝意功名的人，但是时局纷乱，并未全解，吴佩孚又尚有别样用意，难以行使职权，便婉言谢绝。之后，曹锟便以恢复法统为名，拥护黎元洪复职，再召开旧国会，利用旧国会选举曹锟为名正言顺的中华民国大总统，于是，北京政权在直系曹锟的操纵之下，又开始了逼迫徐世昌下野的逼宫计划。

第十七章　法统重光

第一次直奉大战后，结束了一个槽上拴着两头叫驴的局面，张作霖退到关外，北京政权完全控制在直系军阀手中。事情往往是这样：一个军阀或派别，当对手或敌人威胁自己的时候它的内部能够精诚团结，一致对外；当消除了外部威胁，大功告成之后，其内部的矛盾便显露出来，以至出现纷争。直系军阀也不例外，当它赶跑张作霖，独霸北京政权之后，曹锟与吴佩孚及其周围的人也就出现了分歧。

曹锟在段祺瑞当政时就想当副总统，然而却没有当成，在打败段祺瑞之后，奉系张作霖又插了进来，未能实现直接上台的愿望。这次终于大权独揽，"直系即中央"的说法，就含有"曹锟即总统"之意。曹锟的弟弟曹锐、曹锳在直系将领中竟公然传布："三哥此时不当总统，更待何时？"想立刻赶走徐世昌，把曹锟推上总统宝座。曹锟也曾亲自对吴佩孚提出"肥水不落外人田"，意在取得吴的支持，使自己直接上台。

可是，吴佩孚却不主张曹锟即刻上台，他想得深入全面一些，他认为，如果恢复民国六年张勋复辟时被解散的国会，把黎元洪挖出来复位，补足总统任期，可以达到一箭三雕的目的：一是使南方的"护法"运动失去依据。孙中山于1920年11月再次回到广州，1921年5月由非常国会选为中华民国非常大总统，成立正式的中华民国政府，重新举起"护法"旗帜，决心北伐中原，消灭北洋军阀，统一全国。直系军阀打败奉系军阀之时，孙中山的第二次"护法"运动正在向前发展。1922年5月，孙中山在广东韶关设大本营，分兵三路，进军江西。吴佩孚认为，恢复旧国会，迎黎复职，即表明恢复了"法统"，这样，孙中山的"护法"旗帜便失去了存在的理由，可以不战而胜地打倒南方政府，实现南北统一。

二是可以抵制"联省自治"运动。为了抵制军阀把持中央大权的"武力统一"政策和缓和民众的民主要求，一些地方军阀掀起了"省自治"和"联省自治"运动，他们打着实行"民治"的旗号，给这场维护地方割据的运动抹上

了“民主”的色彩，而一些资产阶级改良主义者也参与其间，搞得沸沸扬扬，颇有声势，这对掌握中央大权的直系军阀来说，无疑也是一种威胁。吴佩孚的“恢复法统”，从形式上看当然是一种“民主”的象征。可以使“联省自治”运动所标榜的“民主”同样失去了合法依据。

三是可以为曹锟上台铺平道路。恢复旧国会，即意味着1918年8月召开的新国会即安福国会及其选出的大总统为非法。这样，可以毫不费力气地赶走徐世昌，把旧国会和黎元洪控制在直系手中，使总统和国会都成为直系手中的傀儡，形成“挟天子以令诸侯”的局面，而直系的统治又披上了“合法”的外衣，在黎元洪“补足任期”后，再利用国会选举，曹锟当上总统就“名正言顺”了。

黎元洪大总统在中南海

1922年5月10日，即直系刚刚打败奉系之际，吴佩孚就在保定召开直系将领会议，专门讨论“恢复法统”问题。吴佩孚就“统一中国”为题，大谈“恢复法统”如何对直系有利，使与会者接受了他的意见。

急于当总统的曹锟，内心里并不赞同吴佩孚的做法。可是，如今的吴佩孚已不是当年曹锟手下的一名团长或旅长了，而是和曹锟只有正副之差的直鲁豫巡阅副使了。多年来的征战，不断取胜，直皖之战中打败段祺瑞，此次直奉大战又打败张作霖，吴佩孚已成为直系营垒中举足轻重的重要人物，成为仅次于曹锟的第二号人物。曹锟要维持自己的地位并有所发展，就不得不借助吴佩孚的支持，吴佩孚的意见或建议，曹锟不得不予以足够的重视与尊重。同时，吴佩孚关于“恢复法统”对直系有利的一套言论，在曹锟听来，似乎也颇有道理。于是，在吴佩孚的开导下，急于想过总统瘾的曹锟，也只得耐着性子先让“法统重光”了。

吴佩孚所要恢复的“法统”，其实体主要是指《中华民国临时约法》和1913年4月召开的第一届国会（即旧国会）。《临时约法》由第一届国会颁布以后，由于时局的变化而几次被废除，吴佩孚恢复它们，亦即所谓“法统重光”。

1922年5月14日，吴佩孚密电北方军阀，征求关于恢复法统的意见，当天就得到江苏、山东、湖北三省的赞同。15日，直系将领孙传芳公开通电，除支持恢复法统外，并进一步提出请黎元洪复职，要求徐世昌下野。19日，曹锟、吴佩孚带领直系各省督军联名通电，要求恢复旧国会，得到一大批军阀的响应和一批社会名流的赞助。28日，孙传芳再次通电，要求南北两总统同时下野。在直系的压力下，徐世昌不得不有所表示。

北京国会之参议院

徐世昌通电下野是言不由衷的，实际上仍是恋着总统职位不肯痛痛快快下台。当年，袁世凯死后，段祺瑞控制北京政府大权期间，在直皖两系军阀矛盾的夹缝中，徐世昌由安福国会选举，于1918年10月当上了总统。徐世昌是北洋军阀中资历较老的官僚，可是手中并无兵权，段祺瑞把他推出来，就是为其所用。徐世昌老于世故，左右逢源，利用直皖两系的矛盾斗争，保住了自己的总统地位。1920年皖系在直皖战争中失败，北京政府被直奉两系联合控制后，徐世昌又摇摆于直奉之间，依然利用两系的斗争来延长自己的政治生命。可是，徐世

昌两面三刀的手法，却早已引起直系的反感与不满，诸如反对曹锟当副总统，直奉战前驱逐亲直内阁下台，直奉大战中倾向奉军，奉军战败后迟发惩戒命令并暗中劝告张作霖暂不退兵，等待时机卷土重来，等等，都与直系结下了积怨。如今，张作霖退往关外，北方成了直系一家天下，踢开徐世昌已是势不可免了。然而，徐世昌仍然恋恋不舍，在孙传芳公开指名让他下台时，还以需要"合理办法"为托词，赖着不走。

司法总长王宠惠

6月1日，第一届国会议员150多人在天津举行会议，宣布国会"恢复"，在发表的宣言中声称：依据《临时约法》，大总统无解散国会之权，故1917年6月12日的解散国会令无效，自今日始，由国会完全行使职权，再由合法大总统依法组织政府；西南各省因护法而成立的一切特别组织，自应于此终结。同一天，河南督军冯玉祥和陕西督军刘镇华也发出通电，要求徐世昌"勿再恋栈，立刻辞职"。

6月2日，吴佩孚通过驻京代表直接向徐世昌施加压力，一连三次打电话到总统府，询问："总统何时启程？"直至此时，徐世昌见事态已无可挽回，只得交印辞职，由国务院摄行职务，离京赴津。徐世昌这位圆滑世故的北洋元老，由皖系安福国会推上总统的宝座，任期三年零八个月后，又被直系军阀赶下台来，他的政治生涯也从此结束。

文化人出身的徐世昌应该说是在下野政客中比较"想得开"的人，而且也是比较恬静的人。他既没有像袁大总统那样拼命娶妾，到最后竟连儿子袁克文相好的女子也被他娶作了姨太太；也没有像好客的黎大总统那样，整天在寓所里接待中外宾客，从美国的钢笔大王派克到英国报业巨子北岩公爵，天天欢声笑语。徐世昌安安静静地做起了学问。晚年的徐世昌吟诗作画搞收藏，闲暇时以种菜取乐，他还组织"晚晴诗社"，编书出书，许多书都有一定学术价值，像雕版本的《清儒学案》等。徐世昌晚年的平静生活，当然赢得了许多人的尊敬，在他80大寿时，几百人自发地来给他祝寿，单凭这点好人缘，也足以说明徐世昌懂得一个下了台的政治家应该做什么。在今天天津尚存的两处徐世昌的寓所中，他自己居住的那处保存最好而且最有特点。那是一座典型的英式别墅，无论是凹字形的陡峭瓦屋顶，长弧形欧式观赏露台，还是清水砖墙，再有庭院里高耸的大树，所有的一切无不弥漫着秀丽典雅的欧式新自然风格。这也与他的“文治总统”称号相得益彰。

后话是：七七事变后，汉奸王克敏曾以师生之谊前来拜会，企图拖徐世昌下水。徐闭门不见，并向人表示：“我没有这样的门生。”曹汝霖也来充当说客，声称徐如能出山，和日本订立亲善条约，日本即可撤兵。徐保持民族气节，以年老婉辞。曹告辞后，徐对门房说“以后曹若再来，就说我不在家。”1938年日军师团长板垣和特务机关长土肥原约徐世昌定期会面。徐托病未见。日方不死心，又派徐的两个门生来游说。一个姓金的学生劝老师不要失掉千载难逢的机会，徐以年老多病推辞，并怒斥：“你太浑！”金也反唇相讥地说：“老师才浑啦。”徐闻金出言不逊，不禁潸然泪下，伤心地说：“想不到我这个年纪，又碰到这一场。”言罢，拂袖上楼。徐世昌在天津作了十七年的“租界寓公”，于1939年6月5日病逝，享年84岁。

北京国会之众议院

徐世昌辞职的当天，即6月2日，曹锟、吴佩孚等就联名电请黎元洪复职，电报发出后，天津的黎公馆每天都收到几十封“劝驾”的电报，登门谒见的代表络绎不绝，曹锟的参谋长和吴佩孚的参谋长也都到了天津，敦请黎元洪返京复任。黎元洪这个被打入冷宫的下台总统，顿时身价倍增，成为受人推崇的风云人物。

黎元洪这个清廷湖北新军的协统，在1911年武昌起义时，由于历史的误会，被革命党人推上了湖北都督的位置。1912年南京临时政府成立，被选为副总统，袁世凯窃国后，依然是副总统。1916年6月袁世凯死后，继任总统职位，在与国务总理段祺瑞之间的府院之争中引出了1917年7月的张勋复辟，因此丢了总统大印。张勋复辟失败后，段祺瑞重掌北京政府大权，直系首领冯国璋进京代行大总统职务，没有让黎元洪回任。

黎元洪自步入政坛以来，从未掌握实际权柄，实际上是军阀手中的一个工具。军阀对于黎元洪，能利用时则利用，不能利用时则丢弃。从袁世凯到段祺瑞，莫不如此。经过多年的政坛风雨，黎元洪也深明此点，对于直系捧他复任，着实犯了一番踌躇：自己手无寸铁，复任大总统也只能是唯直系军阀之命是听，成为曹锟通向总统宝座的铺路石。但是，总统终究是至高无上的职位，有此千载难逢的机会，将它轻易放过，也确实可惜，凭借多年从政的经验，只要用心筹划，说不定重登政坛会有新的起色。黎元洪在总统高位的诱惑下，终于决定要复任了。

陆军总长张绍勇

黎元洪为了防止成为直系军阀的工具，提出了“废督裁兵”复位的条件，以此来“将”直系一“军”，即使不被接受，也可以博得各方面的广泛同情，为将来上台创造有利条件。在军阀连年混战、民不聊生的年代，黎元洪的这一主张符合社会的一般心理，备受欢迎。但是，对于军阀来讲，无异于与虎谋皮，是根本行不通的。黎元洪也深知这是一个与军阀生死攸关的重大问题，当通电发出后，一定会开罪军阀。

黎元洪的条件确实引起直系军阀的气愤，尤其是曹锟，本来就想一步到位当总统，只是在吴佩孚的开导下才勉强同意迎黎复职，不料黎却以废督裁兵为条件，曹锟气鼓鼓地骂道：“什么话？做现成的总统还要向别人提条件，我们捧他上台，他倒叫我们下台。”曹的左右也大骂黎忘恩负义，不是东西。吴佩孚对黎元洪的装腔作势也是又气又急，为了实现自己的主张，使黎复职，不得不再三向曹锟解释：“恢复法统是拆广东政府的台。旧国会恢复了，同时恢复旧总统，以后的事情，我们就好办得多。”吴佩孚的话，又一次说服了曹锟。同时，直系“恢复法统”的声势已造了出来，拥黎复职已骑虎难下，无法改弦更张，而黎的通电又得到了舆论的支持，不好公开反对。于是，曹锟、吴佩孚于6月7日通电表示：“废督裁兵，锟、孚愿为首倡。”直系其他军阀也随之附和。吴佩孚为了促使黎元洪尽早复职，6月8日对黎的亲信金永炎说："黎大总统如果再要装腔作势，我就无能为力了。你回到天津后，请他说一句痛快话。"

黎元洪的左右多方劝黎要适可而止，切不可放过有利时机。黎元洪也觉得自己的主张已得到舆论上的支持，曹锟、吴佩孚及其他直系将领已表示赞同，应该见好就收。恰逢金永炎于6月10日从保定回到天津，转告了吴佩孚所说的话。黎元洪见事态不妙，不能再拖延下去，10日当天，经与亲信们商议后，连发两封复任通电。

1922年6月11日早8时，黎元洪在旧国会参议院议长王家襄、众议院议长吴景濂和国务院代表周自齐、曹锟代表熊炳琦、吴佩孚代表李济臣等人陪同下，登上专列离津，11时抵达北京。当日下午，在中南海怀仁堂举行了复职典礼。

蒋梦麟与顾维钧两对夫妇 1961 年

次日，黎元洪宣布了第一道命令，即改组内阁，特任颜惠庆为国务总理兼外交总长，吴佩孚为陆军总长、谭延闿为内务总长、董康为财政总长、李鼎新为海军总长、王宠惠为司法总长、黄炎培为教育总长、张国淦为农商总长、高恩洪为交通总长、李烈钧为参谋总长。在谭延闿未到任前，由张国淦兼代；黄炎培未到任前，由高恩洪兼代。

黎元洪一上台，立即下令撤销对孙中山的通缉令，并电邀孙中山入京筹

商国事。内阁组成后，黎元洪和一些内阁成员分别发电迎接伍廷芳北上组阁，并电邀唐绍仪、陈炯明、岑春煊、谭延闿等来京共商大计；与此同时，吴佩孚等直系军阀除要求孙中山下野外，也分别电请孙中山、伍廷芳、李烈钧等北上共谋国是。他们这样做的目的是造成“全国统一”的气氛。南方人士已看出这是虚伪的表示，加以拒绝，被邀人士无一北上。其中，谭延闿表示不就内务总长职，黄炎培表示不就教育总长职。伍廷芳发出通电，认为黎元洪复职没有法律根据。李烈钧态度更为强硬，联名发表通电，斥骂黎元洪叛国，说他和旧国会都是直系军阀的傀儡。结果，黎元洪拉拢西南人物入阁的计划落空。

黎元洪复职后，6 月 14 日下令撤销 1917 年 6 月 12 日由他自己签署的“解散国会令”，并敦促旧国会议员“克期入都，维续行使职权”。

8 月 1 日，旧国会议员在北京开会，旧国会正式复活。至此，实现了直系的所谓“法统重光”。

直系军阀的“法统重光”，打着尊重法律的幌子，实际上是对法律的玩弄，对人民的欺骗。第一次直奉战争打败奉系，直系独霸北京政府大权后，急于爬上总统职位的曹锟，在吴佩孚的一再劝说和开导下，耐着性子先让“法统重光”。按照吴佩孚的说法，“恢复法统”可以使广东政府自消自灭，从而实现南北统一；可以使直系政权“合法”化，有利于曹锟“名正言顺”地当上总统。可是，在“法统重光”的过程中及以后的一段时间里，曹锟逐渐发现，指挥北京政府的是吴佩孚而不是他自己，政府的一些官员只听命于吴佩孚而把自己冷落在一旁。曹锟大有大权即将旁落之感，心里酸溜溜的，与他的子玉老弟之间产生了裂痕。

第十八章　曹吴纷争

吴佩孚自1907年成为曹锟的部下后，1911年11月平息了炮三标部分官兵哗变，使曹锟幸免于难，成为曹的救命恩人，1916年春在随军入川镇压护国军作战中，又将身陷重围的曹锟救出；当曹锟因袁世凯处于四面楚歌境地而忧心忡忡之际，又献策采取两面手法，使曹立于不败之地；在1920年的直皖大战和1922年的直奉大战中，指挥有方，能征善战，为直军取胜立下了卓著战功，为曹锟问鼎中央打下了基础。所有这些，使吴佩孚在曹锟心目中占有极其重要的地位，曹曾多次表白："子玉是我最大的本钱。"所以，当吴佩孚提出"恢复法统"的主张时，曹锟虽然不大赞成，但经过吴的劝导，还是同意了。在"法统重光"的过程中，也曾说过："子玉的意见就是我的意见。"应该说，在"法统重光"活动最初的一段时间里，曹还是相信吴佩孚的开导，对吴并未存有什么芥蒂。可是，随着事态的发展，曹、吴之间的关系却发生了变化。

自从直系战胜奉系以来，身为直鲁豫巡阅副使的吴佩孚没有回到巡阅副使公署所在地洛阳，而是待在直鲁豫巡阅使公署所在地保定发号施令。这样就出现了曹"老帅"与吴"大帅"共同坐镇保定的局面。

按照北洋军阀的习惯，一个将领做到督军就可以称"帅"，做到督军以上的，可以称"大帅"。在吴佩孚之前，称"大帅"的只有张勋、曹锟、张作霖三人。后来，吴佩孚也称起"大帅"来，曹锟为了表示比"大帅"更高一等，就改称为"老帅"了。曹"老帅"虽然比吴"大帅"高一等，但是，到保定来的人，只知道有大帅而并不理睬老帅，曹锟常被冷落一旁，心里很不是滋味。黎元洪复职前，曾派金永炎到保定联络，金只与吴密谈，视曹为可有可无。这时，正值曹锟因黎元洪提出"废督裁兵"而大为气恼之际，曹锟身边的人就乘机挑拨说，吴佩孚执意不让老帅做总统，是他自己想做总统，所以把老黎捧出来挡老帅的驾。曹锟的亲信人物有他的四弟曹锐、直隶省议会议长边守靖、顾问夏午诒、参谋长熊炳琦和秘书长王毓芝等，其中，曹锐与曹锟最亲密，与吴

佩孚的积怨最深。

曹锐，字健亭，在曹锟兄弟姐妹七人之中排行第四，故有“曹四”之称，原在大沽一家米店学做生意，曹锟发迹后即弃商从政。1917 年，由曹锟推荐任直隶省长，在曹氏弟兄当中，曹锐最得曹锟信任，曹锟的家业、财产都托付给他经营，曹锟未得子之前，曾把曹锐的独生子过继过来，改名曹少珊，足见二人的关系远非一般弟兄可比。

可是，吴佩孚最看不起的就是曹锐。当 1922 年直奉两军即将开战之时，曹锐即弃职逃走，离开天津避往保定，加之他平日横征暴敛，直隶公民上书总统，要求撤换他的省长职务并予以惩处，直隶不少团体也向吴佩孚请愿撤换省长，吴答应一定把这一意见带给曹锟。后来，曹锐果然未能回任，直隶省长改由王承斌出任。为此，曹锐对吴佩孚恨之入骨，经常向曹锟进谗言，说吴佩孚独断专行，目无长上，将来一定会爬在他们的头上。曹锟也感到“部下虽亲，究竟不及自己的兄弟亲”，在思想上与吴佩孚产生了隔阂。

吴佩孚多年追随曹锟并得到曹的赏识和提拔重用，也曾一再表示效忠于曹和听曹指挥。在此期间，吴佩孚对曹锟在政治上缺乏谋略、军事上指挥迂腐、生活上贪财好色等等，也有深刻了解，随着功劳的增大和地位的提高，吴佩孚虽然在表面上还尊重曹锟，但也存在着脱颖而出、一展才智的强烈愿望，企图以自己的政治主张来影响直系的走向。早在 1918 年驻军衡阳时，吴佩孚就有取消段祺瑞控制的北京政府和南方护法军政府，另组第三政府的想法。1920 年打败皖系后，他又通电主张召开国民代表大会以解决时局，并宣布了国民代表大会大纲，企图以此来恢复旧国会，驱逐皖系所扶植的北方总统徐世昌，另建一个合乎自己口味的北京政府。由于张作霖和北方军阀的反对，这一计划未能实现。

黎元洪复位，重登总统宝座，依然是一个有职无权的傀儡总统。吴佩孚明白，要控制北京政府就必须控制内阁。因此，当黎元洪任命颜惠庆署理内阁总理，组建内阁时，吴佩孚便推荐了蓬莱同乡、自己的电务处长高恩洪为交通总长，自己的亲信董康为财政总长，安插了自己的秘书长、另一同乡孙丹林做总统的副秘书长兼内务部次长。

曹锟很快就发现，“法统重光”中的颜惠庆内阁，每逢要办大事，大多先由高恩洪和董康向吴佩孚请示，允准后才能办理，而将自己冷落一旁。6 月 17 日，高恩红、董康有事到保定向吴佩孚密报，当他们来到光园的时候，正值曹锟、吴佩孚两人在聊天，高恩洪竟然请曹先退出，要跟吴单独谈话。曹锟下不了台，气得老脸一会儿红一会儿白，站起身来大声说道："总长的话我当然不要听，可是光园是我的地方，我应当有来去的自由。"说罢，就气呼呼地走了。高恩洪和董康向吴佩孚单独密报说，曹汝霖在交通总长任内有经手款项 2000 万元没有底账，此事不知如何处理。吴告诉他们应呈请总统依法严办，而对于他们请曹锟退出一事，则未置一词。

6 月 18 日，高恩洪和董康回到北京后，按照吴佩孚的指示，董康密呈黎元洪，又在国务会议提出，下令警察厅逮捕曹汝霖，并看管其私人财产及住宅。但因曹汝霖不在北京，警察并没有抓到他。对于这一案件，颜惠庆主张慎重处理，黎元洪却同意迅速交办。颜认为总统侵越内阁职权，气得提出辞职。因此，此案于 21 日移交给了法院处理。

这样一个重大案件，曹锟竟一无所知，不但高恩洪、董康有意避开他不谈，就是吴佩孚也未向他透露一点信息。后来，曹锟从报纸上看到了逮捕曹汝霖的消息，才知道有此案发生，不禁大怒，便叫了下人把吴佩孚叫来询问底细。但是，吴已就寝，卫士不敢进房呼唤。曹锟等了半天不见吴到来，就又派人前往光园，一定要把吴找来。吴来到曹锟那里，问道："老帅有什么重大的事情，这样性急要找我？"曹锟强压心中怒火，讽刺地说："你现在也是大帅了，哪里还有工夫来理我？"吴佩孚一看曹锟的火气很大，忙赔个苦笑说："如果我做错了什么，请老帅用军棍责打我，不要气坏了自己的身体。"曹锟因事情牵涉自己的面子，不好直接说出发火的原因，又见吴佩孚已赔笑服了软，也就没有再深究下去，不过，心里还是怏怏不乐，对吴佩孚大有"子玉虽亲，不及自己兄弟亲"之感。

吴佩孚见曹锟因曹汝霖一案而十分震怒，感到自己已不宜继续待在保定，便连忙发表通电，表示自己决不干政，"一切服从曹使"。7 月 1 日，吴佩孚回到了洛阳。吴在洛阳设有直鲁豫巡阅副使公署，不仅是直系的西部大本营，而且是北洋政府的重心，一些外国使节、内阁成员、各省督军和省长等前来造访，络绎不绝，各省还有常驻代表，大有"环顾宇内，无人抗衡"之势。这样，在直系内部形成了驻保定的曹锟和驻洛阳的吴佩孚两个中心。拥曹的一些人和拥吴的一些人，分别形成了保定和洛阳两个派别，而保、洛两派在黎元洪复职不久即已初步分了家，随着吴佩孚对内阁的控制，保、洛两派的矛盾便进一步凸显出来。

黎元洪上台后所公布的颜惠庆内阁，因阁员中的几个重要人物不肯就职，再加上财政上几临绝境，就很难支撑下去了，署理国务总理颜惠庆表示，

无论如何他只能担任到国会正式复活。鉴于这种情况，黎元洪只好另搭班底。黎元洪得到曹、吴同意的保证后，组织了唐绍仪内阁。黎元洪虽同军阀打交道多年，但还不懂得翻手为云，覆手为雨，一切从私利出发，乃是所有军阀的特点。他没有料到，内阁名单刚刚公布，6月8日，内务部次长孙丹林就拿出了吴佩孚发来的两封电报，不同意由唐绍仪组阁。

吴佩孚在8月6日的电报说，自己对唐绍仪出任总理“绝不赞成”，提出应以维持现状为宜，如果颜惠庆不愿继续署理，就由王宠惠代理总理。吴佩孚的电报打了黎元洪一闷棍，引起了北京政府的极大震动，黎元洪派王芝祥先后到保定和洛阳疏通，吴佩孚则公开提出了王宠惠正式组织内阁的主张。8月20日，吴佩孚继续通电反对唐内阁，并得到了各省直系军阀的一片响应。8月23日，黎元洪回答吴的电报中，表示自己随时可以下台，希望吴不要过分地予以难堪。可是，吴佩孚决意要建立一个为己所用的内阁，残破不全的唐内阁就只得倒台，由王宠惠代理总理。

次日，1922年8月24日，中国历史上发生了一件值得大书特书的事件，京汉铁路（今京广铁路北段）长辛店（今属北京市）3000余名工人，在共产党人邓中夏等领导下举行罢工了。

稍前一些的8月16日，中国劳动组合书记部发布《劳动法大纲》。大纲中要求工人有集会、结社、罢工等权利，实行8小时工作制、保障工人最低工资和享受劳动保险以及保护女工、童工等。大纲规定，禁止雇佣16岁以下的男女工，禁止18岁以下的男女工担任剧烈、有害卫生及法定工作时间外的劳动，重工的法定工作时间不得超过6小时等。

8月初，中国劳动组合书记部给众议院发出《关于劳动立法的请愿书》，要求国会在宪法中规定保护劳工的条文。请愿书说：“同人等素从事劳工运动，连年来亲睹国内劳工饱受暴力摧残之惨状，深知国内劳工无法律保护之痛苦，加以感受操政柄者之巧于舞文玩法，益觉得劳动法案规诸宪法之重要。为全国劳工请命计，为国家立法前途计，理合拟具劳动法案大纲19条，依法请愿贵院尽量采纳通过，规诸宪法。”22位国会议员对此举表示支持。

大纲发布后，中国劳动组合书记部向全国工会发出《关于开展劳动立法运动的通告》，要求各地工会讨论《劳动法案大纲》，并向工人广泛宣传，征求工人的意见。唐山铁路、煤矿、纱厂、洋灰厂等工会首先响应，组织起唐山劳动立法大同盟。武汉、上海等地也纷纷响应，并举行游行、集会，通电全国，要求将《劳动法大纲》纳入宪法。

京汉铁路当局忽视工人的权利，拿工人当牛做马，郁积在工人们心中的怒火终于爆发了。他们放下手里的活计，向路局提出开除总管、工头，承认工人俱乐部有推荐工人的权利，增加工资等要求。军阀政府派军警强迫工人复工，工人组织纠察队同军警展开斗争。罢工坚持2天，使南北交通断绝，路局被迫接受工人的全部条件，罢工取得胜利。这是中国工人第一次独立走上政治舞台，显示自己的力量。

第十九章　破镜重圆

王宠惠自觉长期代理内阁总理名不正言不顺，遂于1922年9月14日提出辞职。黎元洪无法，不得不屈从吴佩孚的压力，解散了名义上的唐内阁。9月19日，正式任命王宠惠署理国务总理，重新组建内阁。这个内阁被人称为“洛派内阁”，内阁中排除了吴佩孚所反对的阁员，新任内务总长孙丹林以前是吴佩孚的秘书长，交通总长高恩洪是吴佩孚的同乡和忠实亲信，陆军总长张绍曾是吴佩孚的儿女亲家。总理王宠惠和财政总长罗文干明显地站在吴佩孚方面。吴的亲信高恩洪、孙丹林是其中的核心人物，故有“洛派政府”之称，王宠惠、汤尔和、罗文干都是好人政府主义的鼓吹者，他们和顾维钧都是亦学亦仕的英美派人物，不属于国内任何党派，故这届内阁又称为“好人内阁”、“好人政府”和“英美派政府”，实际上，只不过是吴佩孚的工具而已。

好人政府主义是20世纪20年代初资产阶级改良主义思潮的一种政治主张，其主要代表人物是北京大学的胡适。1922年5月，当吴佩孚提出“恢复法统”问题时，胡适起草了一篇《我们的政治主张》。5月14日，由蔡元培、胡适、王宠惠、汤尔和、罗文干等15名大学教授、教员署名，在刊物上公开发表，提出了好人政府主义的主张。

胡适等人把中国政府纲纪败坏的原因归之于“好人自命清高”，不肯出来当政；把解决中国问题的出路放在“好人”当政、制定宪法、恢复国会和裁兵、裁官等方面，企图在不触动封建军阀政权的前提下实现政治改革，是资产阶级改良派的一种软弱的政治要求。

胡适等人的好人政府主义，对于玩弄“恢复法统”的直系军阀大有用处，吴佩孚就是想利用他们这些自命为“好人”、颇有声望的教授先生来装饰门面，欺骗人民。吴佩孚把鼓吹好人政府主义的几个“好人”，即北京大学教员王宠惠、罗文干等拉入内阁，组成所谓“好人政府”，既可捞取政治资本，骗取好的名声，又能利用亲信操纵内阁，使之为己所用。

保派在“好人内阁”中只有一位成员，对此曹锟自然感到不满。曹锟身边的人从中挑拨说，吴佩孚已拿去了内阁，下一步就要拿去总统了。这些话说到了曹锟最敏感的问题，使之更加相信吴佩孚有取而代之的野心。曹锟由内阁问题又联想到吴佩孚对选举总统的态度问题。保派内部有人指出，吴佩孚与陈炯明携手，计划以黎元洪作为过渡，北倒曹锟，南倒孙中山，吴佩孚、陈炯明为正副总统。这使曹锟对吴佩孚的猜疑越来越大了。

在直系内部，曹锟与吴佩孚的想法不同。曹锟的想法，是让黎元洪为过渡阶梯，然后自己担任总统。吴反对曹过早地做总统，曹则怕吴威望过高，势力太大，抢了他的总统位子。曹、吴的出发点不同，分歧也就越来越明显。曹、吴各拉山头，形成两派。因曹锟以直鲁豫巡阅使驻保定，其弟曹锐以直隶省长驻天津，故称为“津保”派；而吴以副巡阅使驻洛阳，故称“洛阳”派。两派斗争的焦点是内阁问题，黎元洪在两派之间受夹板气。

曹锟的左右对吴佩孚权势日增，气焰日盛，经常不与曹打招呼就发号施令，尤其是控制内阁，十分不满。为了对付吴佩孚，他们竟然把过去的敌对者如安福系分子等也拉了过来，以助长保派的声势。国会方面，以众议院议长吴景濂、副议长张伯烈为首的一批议员，因吴佩孚目空一切、不把国会放在眼里而对吴产生恶感。曹锟认为吴佩孚在发展个人势力，于是暗使众议院正副议长吴景濂、张伯烈反对“洛派内阁”。10 月 14 日，保定举行直皖、直奉战争中阵亡将士追悼大会，吴佩孚没有参加，可是，不少议员却来到保定，同保派人士商讨总统选举问题和内阁问题。

不但曹锟对吴佩孚不满，保派和一些国会议员也把炮口转向吴佩孚，就是直系军阀及直系势力下的各省军阀，除了吴的嫡系外，也都怀恨吴对他们颐指气使、目空一切的态度，尤其是吴的排斥异己、独揽军权，使他们与吴貌合神离，有的明显倒向保派一边，成为吴的暗敌，其中典型的人物就是冯玉祥。

冯玉祥，字焕章，祖籍安徽巢县，生于河北青县，幼年家境贫寒，12 岁即当兵。清朝末年，冯玉祥与吴佩孚同期当新军管带，同期在东北驻防，冯在第二十镇，吴在第三镇；在袁世凯称帝时期，冯为第 16 混成旅旅长，吴为第 3 师第 6 旅旅长，同在四川作战，冯的职位未变，而吴已升任第 3 师师长兼直军前敌总指挥。直皖战争后，冯依靠曹锟，升任第 11 师师长，并出任陕西督军。冯玉祥治军严格，训练刻苦，他所统率的部队，在兵力和战斗力方面，仅仅次于吴佩孚，对吴并不完全俯首听命。吴佩孚猜疑心很重，绝不让冯赶上或超过自己，对冯多有排斥。直奉战争之前，吴、冯二人在扩编队伍和饷械等问

题上经常发生矛盾。直奉战争期间，冯玉祥为了直系整体利益，接到吴的动员电报后，在很短的时间里就集中了两个师又一个旅的兵力，稳定了直系后方的局势，连吴也称他为“讨奉第一功”。可是，吴佩孚为了削弱冯玉祥的军事实力，在直奉战争刚刚结束时，拟抽调冯的一个旅扩编为师，驻防保定，直接听从吴调遣，结果遭到冯玉祥的坚决反对而未能如愿。

直奉战争结束后，在吴佩孚的授意下，北京政府改调冯玉祥为河南督军，以河南第1师师长宝德全为军务帮办。冯、宝二人嫌隙很深，曾经兵戎相见，吴将他们一同安排在河南，意在使其互相牵制。不料，冯玉祥一到开封就诱杀了宝德全，并上报谎称是被敌军打死的。对此，吴甚为不满。冯玉祥刚刚上任，吴佩孚送来一份亲朋好友的名单，推荐他们出任督军公署的各种重要职务，而仅留秘书长一职由冯自己任用。冯玉祥看了这份名单十分不快，对周围人说：“这样办，还要我这个督军干什么？”气愤之下将吴推荐的人员全部回绝，自然又引起吴的更大不满。于是，吴佩孚以直鲁豫巡阅副使的身份，令冯玉祥等助饷80万元，并规定以后每月至少还要助饷20万元以上。如此巨额款项，河南的财政收入是无力担负的。因此，又遭到了冯玉祥的婉词拒绝。冯玉祥督豫不到半年，被逼得实在没有办法，曾到保定向曹锟诉苦：“吴玉帅压迫我，弄得我不知怎样办是好，看样子他是要缴我的械。”曹锟安慰道：“不会，他怎能缴你的械？既然你俩不和，我另给你想办法，你上我身后头待着去吧。”有把冯调离河南之意。

吴佩孚不能容忍冯玉祥在自己的眼皮底下扩展实力和不听指使，授意北京政府裁撤河南督军一职，调任冯玉祥为陆军检阅使，率所部移驻北京南苑。陆军检阅使是一个没有地盘、徒有其名的虚职。此时，冯玉祥的兵力已扩充到一个师又三个混成旅，人数在2万以上。可是，吴佩孚却命令他只能带走原有的一个师，其余三个混成旅由新任河南督理张福来改编。冯玉祥当然不能接受只带一个师北上的命令，他命令全军轻装出发，一律佩戴11师符号，于11月3日仅以五列火车把一个师又三个混成旅全都运走了，当吴佩孚得知时，已无法扣留了。

冯玉祥经过督豫到离豫这一番周折，与吴佩孚的矛盾越积越深，而对曹锟则非常感激，一再表示要竭诚拥戴，在保、洛分家的矛盾中，倒向了保派一方。保派分子、许多议员和一些直系将领，在反对吴佩孚这一点取得了一致，吴佩孚虽然控制了内阁，但他的地位却日益陷于孤立了。不过，此时曹、吴的矛盾还没有短兵相接，保派等反吴力量还不便于公开指向吴佩孚，而把吴所控制的“好人政府”作为攻击的目标，在倒阁过程中引发了一场轰动一时的政潮。

正在此时，因为王宠惠内阁在军饷问题上偏袒洛派，从而发生了罗文干案件。曹锟得知阁员罗文干将签订奥国借款展期合同所拿到的50万元都给了洛阳，而自己却分文未得后，十分气愤，不惜与吴佩孚撕破脸皮，决心要推倒洛派内阁。1922年11月18日，在保派怂恿下，倾向保派的众议院议长吴景濂和副议长张伯烈揭发财政总长罗文干擅自与华义银行代理人罗森达、格索利签订奥国借款展期合同，换发新债票，使国家财产遭受5000万元损失一事，逼迫黎元洪亲下手谕，命令步兵统领聂宪蕃、京师警察总监薛之珩带兵逮捕了罗文干，解送法庭处理。后在吴佩孚的干预下，因证据不足而释放。罗文干案件导致了保洛两派矛盾激化。11月24日，王承斌发出通电，请黎元洪派军将与罗案有关的一切人犯逮捕，并指名道姓地公开谴责吴佩孚不应步张作霖后尘，给内阁保镖。继王承斌之后，直系和在直系势力下的各省军阀以及与直系为敌的皖系军阀，也都先后通电响应曹锟，纷纷痛斥罗文干丧权卖国，一致要求北京政府依法治罪。随后，就连吴佩孚的嫡系将领萧耀南、张福来也发出通电，表示了与直系其他军阀一致的态度。

吴佩孚面对这种一面倒的局势，自知不宜再对抗下去，一是自己陷于孤立，没有取胜的把握，二是直系若因此而分裂对自己也十分不利，于是立即转变态度。表示“对曹使始终服从，对元首始终拥护”。由于吴佩孚败阵认输，25日的北京政治气候发生了剧烈变化，这天王宠惠提出辞职。

王宠惠内阁停止办公，北京陷于无政府状态。罗文干一案和随之而来的倒阁活动，是保派精心策划的一次政潮，旨在打击吴佩孚的气势并借以打击黎元洪，以便把曹锟早日扶上总统宝座。对此，黎元洪起初并不清楚，面对洛派与津保派的争斗，一时被弄得晕头转向，手足所措，当曹锟亲自上阵、吴佩孚认输和王宠惠内阁不能工作之后，他才意识到倒阁和大选是紧密相连的，自然会威胁到自己的总统地位。为了保持自己的总统职位，抵制曹锟上台，黎元洪积极重组内阁，以维持北京政府的正常运转。他派人分头去约请靳云鹏、顾维钧、周树模等人暂时代理内阁总理，但这几个谁也不肯代理，一时间北京陷入了无政府状态。

1922年11月29日，王宠惠内阁倒台，黎元洪派汪大燮署理内阁总理，汪声明维持10日，10日期满去职。前任阁员除罗文干免职外，其他一律“辞职照准”。至此，“好人政府”在保、洛相争中仅仅存在三个多月，就正式宣告

垮台。

在保派推倒王宠惠内阁的过程中，吴佩孚在败阵的情况下，不得不再次服输，对于罗案，表示“谨遵曹帅主旨，主张依法办理”，并解释说，自己不是王内阁的后台，与王宠惠、罗文干两人素不相识。

保、洛两派的斗争，显然是保派占了上风并取得了胜利，黎元洪为了苟延残喘下去，不得不向曹锟全面屈服，1923 年 1 月 4 日，黎元洪总算正式任命了张绍曾出任内阁总理，组织保派内阁。张绍曾一上台，即标榜南北和平统一，这与黎元洪的政治夙愿暗合，但与吴佩孚的武力统一相冲突。曹锟、吴佩孚要求内阁任命沈鸿英、孙传芳为南方政府控制地盘的广东、福建省督理，张绍曾认为此举有悖于和平统一，严加拒绝，并愤然提出辞职，黎元洪极力挽留。

此时的曹锟，与半年前的情况大不相同了。那时，吴佩孚的亲信高恩洪竟敢给他难堪，现在，吴佩孚认输了，洛派内阁倒台，高恩洪等人失势了，黎元洪也被迫屈服了，他的“老帅”地位没人再敢藐视了，心中的得意和喜悦是可想而知了。

1922 年 12 月 9 日是曹锟的 61 岁生日。大小军阀，每逢生日都要庆贺一番。曹锟正值春风得意之时，为了炫耀自己的威风，这次生日办得就更非同一般了。曹锟的保定府衙张灯结彩，装饰一新，鼓乐班子阵阵吹打，鞭炮齐鸣，声声震耳，门前车水马龙，府内宾客如云。曹锟服饰一新，喜气满面，接受了一个又一个的致礼和祝贺，手下人接下了一份又一份的贵重寿礼，阿谀奉承声不绝于耳，敬酒声碰杯声此起彼伏。来宾中，有 700 多名乘坐四列专车而来的北京政府的达官贵人和国会议员，有来自各省各地的大小军阀，就是曾与直系兵戎相见的张作霖也派了他的儿子张学良，皖系卢永祥也派了其子卢小嘉，前来为曹锟拜寿。引人注意的是，在这众多来宾中唯独没有吴佩孚，他派了湖北督军萧耀南代表他祝寿。

萧耀南对曹锟是这样说的：吴巡阅使本来准备亲身前来祝寿，只怕“老帅”正在气头上，怕面子上不好看，所以决定改期前来补寿。萧耀南为了缓和曹、吴之间的关系，又说了一些“保、洛不分家”之类的话。保、洛两派虽然在总统选举和内阁人选等问题上有分歧，但在维护直系整体利益，对付其他派系，实现中国统一方面，目标还是一致的，这就制约了保、洛两派不可能彻底分家，曹、吴二人不可能真的决裂。曹锟抓住罗文干一案，也只是想挫一下吴的傲气，打一下吴的威风。现在，曹锟见吴已承认错误，表示“对曹使始终服从”和“谨遵曹帅主旨”，又考虑以后还要依靠吴佩孚出力，便决定缓和与吴佩孚的关系。共同的利害，使曹、吴互相取得了谅解，不久就和好如初，恢复了“你即是我，我即是你”的密切关系。吴佩孚不再给曹锟出难题了，曹锟也就轻装上阵，加快步伐向总统宝座跑去了。

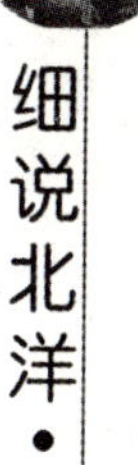

第二十章　倒阁逼宫

1922年12月18日和29日，国会众参两院先后通过了张绍曾组阁的同意案，事前，张绍曾曾亲自招待两院议员，说了许多关于统一与裁兵问题的官腔话，又说了不少封官许愿的私房话，同意案才得以通过。1923年1月4日，黎元洪正式任命张绍曾为国务总理。

黎元洪选中张绍曾组阁，原因是多方面的。张绍曾1879年生于直隶大城县，1895年入北洋武备学堂，毕业后被保送日本陆军士官学校学习。1902年回国得到光绪皇帝的接见，其后职位迅速提升。1910年随载洋出洋考察欧美陆军，辛亥革命爆发时响应革命。1915年袁世凯复辟帝制，张绍曾与蔡锷组成反袁讨逆军。张倾向保派，但又是吴佩孚的儿女亲家，保、洛两派都不会反对。张与吴景濂关系密切，国会通过不会有大的困难。张在黎复职前后是"恢复法统"的积极主张者，面对西南力主和平统一，又与黎的政治主张相吻合。更为重要的是，此时保派已在谋划推举曹锟上台当总统，在国会中收买议员，鼓动先办大选后谋制宪与统一。张虽亲保，保派也把他列入自己的小集团，但终非嫡亲，对他并不十分放心，而张与保派也并不完全一致，尤其是在选举与统一的问题上，主张先谋统一后办选举。因此，黎企图由张组阁而实现府院合作，以抵制保派的大选。

张绍曾内阁不仅是黎元洪复职后的第一次正式内阁，也是1917年国会被解散以来唯一经国会批准的"合法"内阁，并且又得到了直系军阀的承认，本应是一个可以正常运转、不致有多大风波的内阁。可是，张内阁成立后，同样遇到了麻烦，政潮之大，超过了以往历届内阁。

张内阁所遇到的第一个麻烦，就是它的和平统一方针与直系的武力统一政策存在着严重分歧。张绍曾组阁后，1923年1月8日致电西南各省，主张"对内先谋事实上之协商。对外完成法律之统一"，建议召集各省军民长官、各政党领袖、社会名流举行国事协议会，协商和平统一问题。可是，直系军阀则主张武力统一，曹锟、吴佩孚认为，孙中山于3月1日在广州重建政府，称起大元帅来，是破坏约法，破坏和平，主张下令“讨伐”。

张内阁所遇到的另一个麻烦，就是张绍曾先制宪后选举的主张与保派的先选举后制宪方针背道而驰，保派为了早日大选，决意搬掉张绍曾这块绊脚石。早在曹锟做61岁生日时，曹锐就公开向人表示：“咱们三哥与冯(国璋)段(祺瑞)都是北洋派的同期前辈，冯、段做过总统和内阁总理。三哥年过六旬，做做总统有何不可?”曹锟也深知岁月不饶人，自己年事已高，在政坛上活动的时间已经不多，再不抓紧时间当上总统，恐怕以后就更没有机会了。于是，由曹锐等人主持，私下串通众议院议长吴景濂、副议长张伯烈，大肆收买议员，将愿意投票的议员一律聘为直鲁豫巡阅使署的顾问，自1923年1月起，每月发给津贴200块银元，有380多名议员领取了津贴。农历年关，曹锟又以“炭敬”的名义，送给吴景濂3万块银元、张伯烈1万块银元，张因正副议长待遇相差悬殊，大为不平，曹锟又为他补发了1000块银元。张绍曾并不理解曹锟急不可耐的迫切心情，而是和黎元洪一道，力主先制宪后选举。张绍曾与曹锟的意愿相左，成为曹锟当总统的绊脚石，张内阁的前景是不会美妙的。

另外，黎元洪任期已快满，本来再等几个月，曹锟就能顺利坐上总统的宝座，但是曹锟已经急不可耐，要把黎元洪赶走。黎元洪其实是个傀儡总统，本无实权，但是被人赶下台，又心有不甘，所以联系张绍曾内阁及政学系议员与曹锟对抗，不肯让位。曹锟要上台就必须先把黎元洪撵走。保派的政客们提出了“军事驱黎”和“政治驱黎”两种办法。曹锟主张“先唱文戏，后唱武戏”，即先通过国会把黎赶走，为此，曹锟补发了曾一度停发的议员津贴。金钱收买起了作用。国会认为黎元洪早就超过了合法任期，所以，应自动退位，由国务院摄行总统职权，然后组织选举，产生新总统，但是此招并未奏效。

5、6月间，直系保、洛两派取得一致意见，提出“拥曹必先驱黎，驱黎必先驱张”的策略。曹锟急于谋选总统，他计划推倒张内阁，以其私党高凌霨组阁，以便进行大选，若黎元洪不允，则迫其退位。于是，保派政客们便调整了进攻的角度。首先是军警出面向张内阁索饷，想以此搞垮张内阁。张绍曾内阁因财政破产和各方索要薪饷而陷入困境。接着，就是津保派阁员高凌霨、吴毓麟、程克先发动倒阁，从内部拆台，逼迫张绍曾辞职。在保派政客的联合压力下，6月6日张绍曾内阁只好被迫总辞职，张绍曾当晚被赶往天津。从此，张绍曾隐居于天津英租界河北路334号一幢二层洋楼内。在隐居期

间，他一面潜心读书著书，一面与冯玉祥等人秘密共计响应北伐军，被张作霖视为眼中钉。在直隶督办褚玉璞的安排下，1928 年 3 月 21 日，张绍曾被暗杀，成为轰动津门的谋刺案，这是后话。

内阁倒台了，黎元洪真的只能唱独角戏了。不过，他还不想主动退位，为了避免直系直接向自己发动进攻，他尽力改变北京的无政府状态，把内阁恢复或重建起来。于是，他首先挽留张内阁。但张内阁辞职的当天，曹锟便亲自导演了一场“逼宫夺印”戏。在曹锟唆使下，北京军警代表在陆军检阅使署举行会议，认为总统有钱养活议员政客，而军警们却穷得没有饭吃，一定要找总统当面算账。冯玉祥、王怀庆率中级军官 300 人到黎元洪宅第索饷，声言要冯军入京维持秩序。

6 月 8 日，曹锟利用流氓组成的“公民团”，到天安门集会，要求黎元洪“即日下台”。同日，冯玉祥部张之江率军官数十人佩刀闯入新华门，围住居仁堂，向大总统索要欠饷。

9 日上午，曹锟党徒又怂恿警察罢岗，撤走总统府卫队。

10 日下午，又有中级军官三百余人到黎府索要欠饷。接着，“市民请愿团”、“国民大会代表”约千余人手持“黎元洪退位”的旗帜呼喊而来。

12 日，黎府又出现军警代表、“公民团”代表轮番示威骚扰。

与此同时，冯玉祥通电指责总统干涉内阁职权，八个省区的军阀也纷纷表示反对总统破坏责任内阁制。黎元洪接到军阀发来的电报，不是指责他破坏责任内阁制的，就是索要军饷的，气得他对属员们说：“活见鬼，现在只有巡阅使制，哪有什么内阁制？”

黎元洪明知是曹锟要赶他下台，却坚持不走。他一向以暗弱著称，这次却表现得十分强硬。大抵人在经过一次忧患之后，再遇到同类困境，总要比前次胆大，以为事情不过如此。他致电曹、吴说：

“本日又有军官佐多人，麇集门外，复雇流氓走卒数百人，手执‘驱黎退位’等纸旗，围守住宅。王、冯二使联名辞职，慰留不获。元洪何难一去以谢国人？弟念职权为法律所寄，不容轻弃。两公畿辅长官，保定尤近在咫尺，坐视不语，恐百喙无以自解。应如何处置，仍盼即示！”

此电发出后，如石沉大海，而军警、“公民团”仍包围黎元洪住宅不散。

黎元洪自从内阁辞职以来，同保派周旋、对抗已近一周之久，一直本着“依法而来，依法而去”的精神，苦苦支撑着。但是，手中无兵的总统终究敌不过拥兵自重的军阀，到了 6 月 12 日，黎宅断了水、电，黎元洪终于败下阵来，他和他的策士们都已感到大势已去，无可恋栈，北京已无法再待下去了，便同幕僚策划辞职赴津。此时，黎元洪又接到报告，谓王怀庆和冯玉祥下午2时将率兵到东厂胡同，强使总统下台，否则将发生莫大危险。黎元洪听罢，决定立即出京去天津。下午3时，黎元洪召开了最后一次会议，决定在大势已去、无可挽回的情况下，离京出逃天津。他把总统的大小印信十五颗拿出来十颗，留在公府，五颗送去交给他那住在法国医院的危氏如夫人，并作了其他一些最后交代。

6月13日13时20分，黎元洪身着青色西服，在新任陆军总长金永炎、侍卫武官唐仲寅、秘书韩玉辰、熊少豪以及外国顾问福开森、辛博森等十余人的陪同下，由荷枪实弹的总统府亲信卫队保护，从东厂胡同坐自用汽车开往东车站，乘专车离开北京。政界要人、社会名流顾维钧、颜惠庆等人闻讯后赴车站，为黎送行。

黎元洪在直系的拥戴下，于1922年6月11日在京复职，事隔一年零两天，又在直系的逼迫下，于1923年6月13日逃出北京。在军阀掌权的年代，大总统尚且如此，黎民百姓的境遇如何，就可想而知了。

曹锟和他的拥护者赶跑了黎元洪，拉近了曹锟与总统宝座之间的距离。然而，黎元洪此时已是死猪不怕开水烫了，离京后依然没有放弃与保派的争斗，保派为了把曹锟推出来，还要费一番工夫，于是，出台了逼宫驱黎的压轴戏。

黎元洪被迫离京，保派人员弹冠相庆。6月13日下午4时，冯玉祥、王怀庆等人在京畿卫戍总司令部召开紧急会议，依据昨天被他们拒绝的黎元洪的挽留令，宣布复职，负责维持北京治安；一直对北京动乱装聋做哑、一声不吭的曹锟，也关心起北京的治安，打电报给冯玉祥等人，要他们保护国会及外国侨民，维持好秩序。

黎元洪离京后，保派人员赶到总统府寻找总统印玺，搜遍各个角落，一颗也没有找到。黎走前曾扬言到国会交印辞职，但国会并未接到。保派人员见黎在公函中曾说移律行使职权，猜定黎已将印信带走。于是打电话给直隶省长王承斌，要他设法把印信截留下来。

王承斌接到电话后，立即同警务处长杨以德一起，带领全副武装军警数千人，乘车赶到杨村车站。当黎元洪的专车驶入站内后，王承斌口称由天津北上来迎接总统，便登上了专车。

王承斌问黎元洪："总统出京，目的何在？"

黎元洪答道:“我在北京已不能行使职权,所以移到天津来办公。”

王承斌单刀直入,挑明了真实来意:“总统既然离开了北京,印信已经没有用处了,为什么还要带到天津来?”

黎答:“印在北京,并未携来。”

王承斌不信,与之争辩良久。

黎元洪怒气冲冲地对王说:“我不把印信交出来,你敢把我怎么样?”

王答:“既是如此,就委屈总统在车上仔细想想。”

列车驶进天津新站。黎元洪本来命令专车在天津老站(东站)停车,以便下车后就近回家,不料,车到新站(北站)就不走了,原来,是王承斌下令摘下了车头,将专车扣留在新站,派军警将车站团团围住。王承斌请黎元洪下车到曹家花园或省公署休息,黎知道王不怀好意,严词拒绝了。不下车,又走不了,黎元洪被困在了车站。

黎之长子绍基急忙赶赴北站探视其父,但被军警阻止,不让会见,黎元洪得此信息,一时愤极,欲举枪自杀,被随员劝止,没有打中要害。

黎元洪被逼无奈,乃据实说明总统印玺由秘书随眷属携往北京法国医院,并挂电话通知其夫人危文绣将印信交国会。接到北京已将大小15颗总统印玺索回的电话后,王承斌一块石头落了地,昼夜不停地劫车索印总算有了结果,完成了任务。接着,他又乘胜追击,拿出了代黎拟定的三通电稿,逼令黎元洪签字发表辞职通电。黎元洪为了求得放行、尽快脱身,无奈在电稿上签了名,随之便走出车站,乘汽车回到了英租界的寓所,时已14日凌晨4点了。

经过这场耻辱和劫难以后,黎元洪仍不甘心就此退出政治舞台,还在天津、上海等地活动,试图东山再起。但不久也感到大势已去,回天无力,便隐居天津张园,从事工商业活动,担任中兴煤矿董事长等。1928年6月3日,因患脑溢血去世,享年64岁。

至此,曹锟所导演的逼宫戏终于落下了帷幕。从阁员倒阁到逼黎出京,再到劫车索印。这些都是保派为曹锟当总统所采取的既定步骤,而背后的支持者正是曹锟自己。保派政客按照既定方针,尽快把曹锟推出来。他们要在形式上履行法律程序,通过国会把曹锟“选”出来,“名正言顺”地当上总统。可是,此时的国会派系纷争,凑足人数并非易事。曹锟在通向总统的“征途”中,还要经过一番周折。

第二十一章　贿选总统

黎元洪被逼走之后，保派政客便急不可待地要把曹锟推上总统的位子，要立即进行总统选举。说实在的，曹三傻子出身微贱，偶尔出门贩点布，基本上是胸无点墨；投军后虽然被袁世凯送到军校镀过几天金，但提起读书写字依旧头痛。以如此文化状况做总统，在他之前，中国还没有先例，慢说别人看了不像，就是他自己的部下也大有不以为然的。不过，傻人多有股痴劲，一旦迷上了什么，不弄到手就很难歇下。

可在当时，不少议员离开北京，选举人数不够，这又给曹锟上台出了难题。国会中的国民党议员和皖系议员都与直系相对立，当黎元洪被直系逼出北京后，从6月15日开始，他们就陆续离开北京。其他派系或有些正义感的议员，自6月16日国会非法议决后，也愤然离京，选举无法进行。

国会虽为各方所不齿，但它也会给直系的活动披上“合法”外衣，《总统选举法》规定，总统选举会必须有参、众两院三分之二的议员出席才能召开。当时的国会议员共870名，总统选举会的法定出席人数至少应有580名。因此，为了抵制这次选举，当时在广州的孙中山大元帅府派人到北京活动，欢迎议员们南下广州；占据浙江的军阀卢永祥派人到天津设立议员执行处，每月发给300元薪金，动员议员南下上海，完成宪法的制订工作；一年前败退关外的张作霖也撤走了东三省议员。这样，议员们纷纷离开北京南下北上。反直同盟各方为了拆直系的台，准备在上海召开国会。孙中山派刘成禺到北京招揽国民党议员和反直议员到上海。凡来沪议员，每月可领300元津贴，这显然比黎在天津一次性付给500元旅费更有吸引力。不仅北京的一些反直或担心受直系迫害的议员响应南下，就是已到天津的议员也相继赴沪，上海一时成了反直中心。

这时候，直系官僚便利用公民团和军警劝阻议员出走，准备在6月19日国会开宪法会议时实行逼选。但是议员们拒不出席，逼选不成。

曹锟导演了一场逼宫戏，撵走了黎元洪，准备立即进行总统选举。不

料，国会议员纷纷南下，准备在上海召开国会，致使留京议员不足法定人数，大选难以进行，形成僵局。于是，设法吸引议员回京，重整国会旗鼓，就成为曹锟及其亲信们亟待解决的重要问题。

津保派政客提出选举曹锟为非常大总统，但直系大将吴佩孚不以为然，他提出先武力统一全国，后办大选的意见。

曹锟一时想不出对策，关键时刻，国会议长吴景濂为了要向曹锟表功，则主张“武戏文唱”，既设法促成国会选举总统，又不可操之过急。几经折中磋商，采取3项措施：

(1)拉拢国民党和奉皖两系，缓和紧张局势。

(2)充实内阁阵容。

(3)设法吸引议员回京。

对于第一项，曹锟通过孙洪伊拉拢孙中山。孙中山不但不上钩，反而历举直系军阀进行军事挑衅的一些事实。一些国民党大骂孙洪伊是曹党奸细，章太炎也劝孙中山不要接近这个脚踏两条船的政客。曾是洪宪帝制祸首的杨度，此时已倾向孙中山，向曹锟建议迎孙北上主政。曹锟一面放出“曹正孙副”的空气，进行和平试探，一面又和吴佩孚一道布置南征军事。孙中山窥破了他的阴谋，通电否认“孙曹携手”的谣言。

曹锟诱惑奉皖的阴谋，也未得逞。

对于第二项，津保派决定由高凌霨主持摄政内阁。这一做法虽然遭到不少人反对，但终于组织了个残缺不全的内阁。

对于第三项，吴景濂建议推迟总统选举，继续召开宪法会议，先制定宪法以转移目标，诱骗离京议员回京。曹锟急于要上台过总统的瘾，对制宪根本不感兴趣，因此，起初并不满意吴景濂的办法，但是，经过吴景濂的说明之后，他便同意了。吴景濂对他解释说，这个办法并不是放弃大选，只是将大选推迟一步，而是以制宪相号召，吸引离京议员回京，使国会恢复完整，这恰恰是为大选创造条件。曹锟这才明白，“先宪后选”原来是个骗局。

一肚子鬼点子的吴景濂摆的“先宪后选”的迷魂阵，不少离京议员将信将疑，有的根本反对。为了加强欺骗作用，吴景濂怂恿曹锟致电国会，公开表示本人无意竞选总统，只是支持国家根本大法的顺利完成。他为曹锟拟好了一份电报，但曹锟拒绝签发，经吴景濂一再解释，并将“本人无意竞选总统”一句，改为“私人权利，夙不敢争”，曹才勉强同意。但一些离京议员不用别人解释，一眼就看出了这是一个骗局，召开宪法会议只不过是为大选做准备而已。于是，他们派人回京设法阻止宪法会议的召开，致使宪法会议数次流产。

曹锟的“先宪后选”骗局并未达到预期目的，北京的宪法会议继续流产。为了吸引议员回京，吴景濂又出了一个“锦囊妙计”，就是用金钱收买议员。

总统是要选的，袁世凯有本事派军警组织“公民团”包围国会，不把自己选出来就不让议员吃饭；段祺瑞可以包办一次国会选举，再由自己人组成的国会选出符合自己心意的总统；现在轮到曹锟，他既没有袁世凯硬干的魄力，也没有段祺瑞操纵选举的能力，于是只剩下一条路：买。是啊，可以买东西、买人、买官，为什么就不可以买总统？

这当总统真难，简直就比登天还难。您想啊，那些手里攥着选票的国会议员们当中有几个是有良心的？即便你就是有天大的本事，可他俩眼一闭就是不选，你也是白搭！说容易也容易，简直就比吃凉粉还容易，只要你有钱，即便是天大的事也能一了百了。别看曹锟有钱，可他却是北洋军阀里有了名的“抠索鬼”，所以说，本来“容易”的事到了他这儿，由于他的抠门儿又变得难了起来。不过这还不要紧，不等他发话，他手下的一伙子人便早已是八仙过海，各显神通，挖空心思地去“变”钱了。说句到家的话，不是这伙子人真心实意地“孝敬”，他们早就惦着花钱去给曹锟“买”个总统干干，他们自个儿也好近水楼台先得月呀！当然，曹锟也知道这里头的底里。想当初，他自个儿不就是靠着“孝敬”曹大帅、“孝敬”袁世凯起的家吗！

可是，曹锟是个著名的吝啬鬼，虽有万贯私财，也想做大总统，却不肯自己破费，收买议员的款项只能从别处筹集。靠着直系军阀的势力当上了财政总长的张弧为了孝敬曹锟，变着法儿地从财政部里抠钱。可他费尽了吃奶的气力也没能剜出钱来——当时军阀混战，国库里头太空啊！一看剜不出钱来，紧接着他又跟王克敏一块儿向各省摊派，但也所筹无几，照样还是不见太大的亮儿。

曹锟手下闻风而动，还是直系军务督办、义威将军、师长王承斌敛钱招儿鲜灵。一是所谓“捉财神”，派出密探20多人分别到大名、顺德、广平等地抓了500多名金丹毒丸（即鸦片烟药）的制造者，将他们押到天津，经特别法庭审理，先是把这里头没多大油水又没嘛来头缴不起罚款的小烟贩执行枪决，再逼着那些有钱的大毒贩子花钱赎命，吓得其他人每人缴纳数千元至数万元罚款，换得一条活命。王承斌用这种“捉财神”的办法，勒索了500多万元贿选经费。紧接着又以“借军饷”为名，通令直隶各县知事筹款。他把直

隶全省共117县分成三六九等，大县出大份儿，小县小份儿，向各县“借”钱。大县二三万元，中县一两万元，小县一万或八千元。谁敢不借，得，他眼一瞪，枪一横，不借也得借！王承斌的“借军饷”，搜刮贿选经费也近500万元左右。

王承斌，字孝伯，辽宁兴城人，满族，在曹锟的嫡系中，其资望地位仅次于吴佩孚。但在直奉战争时期，因有“亲奉”嫌疑，未让他参与作战机密，并把他的第23师摆在中路作战，以防有变。直奉战后将他摆在直隶省长位置上，准备进一步解除其兵权。王承斌为了重新获得信任，竭力讨好曹锟，先是劫车索印，威逼黎元洪，现在又“捉财神”、“借军饷”，绞尽脑汁，带头为曹锟筹措贿选经费。王承斌效忠曹锟，为曹锟登上总统宝座不遗余力，可以说是出尽了风头，自然讨得了曹锟的赏识与欢心。但是，王承斌的所作所为，却为他人所不齿，劫车索印之举即遭到谴责与抨击。此次“捉财神”和“借军饷”同样也受到斥责和反对。

但是各方的反对并没有阻止保派对贿选经费的筹措，当贿选经费筹足后，他们便加快了贿买活动。6月23日，曹锟秘密在甘石桥设立议员俱乐部，为大选的机关，下设财政、交际、外交、文书等股。规定议员投曹锟一票，价5000元，总统选出后的第二日领款，对于出力大的，另予特别票价。

8月24日，吴景濂主持参众两院谈话会，假借国会名义，利用预备费名目，非法议决：(1)两院每星期开常会时，出席议员均由国会预备费内支给100元。(2)每次开会时发给出席证，然后领取出席费。以此来吸引议员。(3)议员可以借支岁费。离京议员宣布常会出席费为非法，郑重声明两院谈话会关于常会出席费的决议及以后利用国会名义作出此类的决议案，“绝对不予承认”。但是，金钱的力量确实是巨大的。在沪议员每月只能领到300元，而在京议员出席常会也有出席费并可借支岁费，每月可以拿到600元。于是，许多议员只要钱财，不顾人格，又陆续返回北京。到8月底，离京议员已减少到385人，其中还有一些是北京派去作内线的破坏分子，也有北京、天津、上海三处领钱的投机分子。在此情况下，保派分子开始撕掉“先宪后选”的假面具，而鼓动“先选后宪”了。

保派分子为了吸引更多议员回京，在决定支付常会出席费的同时，又提出众议院议员任期延长问题。并派人南下劝诱议员回京，给回京议员每人旅费400元。有些离京议员深恐任期已满丢掉议员资格及有关利益，再加上又得到返京旅费，便又先后回到了北京。这样，两院常会和宪法会议流会三个多月之后,9月7日,众议院常会因有308人出席才得以开成,并通过了众议院议员任期延长案。

在9月10日的预选会上,竟有500余人出席。

保派分子对议员的收买与拉拢日见成效,由吴景濂把持国会筹划大选,一出花钱买选票的闹剧便开场了。

9月2日,山东省长熊炳琦、内务总长高凌霨、交通总长吴毓麟、司法总长程克、烟酒署督办王毓芝、京兆尹刘梦庚、直隶省议会议长边守靖,联名在甘石桥议员俱乐部设宴招待议员,熊炳琦公开提出大选问题。此时已经不是什么"先宪后选"的问题,而是"先付后选"的问题:保派政客担心付款后议员不投票,议员担心投票后保派不付款。当天协商的结果,决定先开总统选举预备会以测验出席人数,

票价已开,支付方法已定,受贿议员云集北京,曹锟登位有望。在此大选行将举行之际,一些反直的军阀以及一些团体先后通电反对贿选。反对派的这些通电抗议,对保派政客来讲,只不过是一纸空文,丝毫不起作用。自6月13日驱黎出京以来,类似的函电不断发出,可是,曹锟和保派分子依然我行我素,一再加快贿选的步伐。

9月10日,总统选举预备会召开,出席者431人,吴景濂指使众议院秘书长郑林皋冒签为436人,会议才达到法定人数,会议得以开成,议决于12日正式举行总统的选举。被冒签的议员和众议院秘书孙曜都有通电揭破吴景濂冒签名单的黑幕。

9月11日晚间,摄政内阁阁员与熊炳琦、刘梦庚、王毓芝、边守靖等又在外交大楼联名欢宴两院议员,并提高大选出席费为500元。12日为正式选举之期,直系出动大批军警宪兵在众议院门前张架篷帐,并派便衣侦探分布东、西车站阻挡议员出京,同时警察传知市民悬挂国旗,庆祝新总统的诞生。但因冒签名单问题引起争吵,大家一哄而散。

保定传下话来,"老帅"一定要在双十节坐上总统交椅。由于津、保政客办事不得力,9月14日,曹锟指派王承斌进京,主管大选事宜。王承斌到京后,便连日设宴,拉拢各方议员,提出了大选与公布宪法同时举行的方针,规定每张票价5000元,但他们担心付款后议员不投票,而议员担心投票后不付款。王承斌最后提出解决办法;在选举前发给每票5000元的支票,选举完成后即可持支票到银行兑现。这样就解决了先付后选和先选后付的争端。可是不少议员怀疑直系在银行中并无存款,王承斌请他们派人到天津直隶省

银行查明无误后，他们又担心直系势力下的地方银行将来会拒绝付款，要求将这笔贿款移存外国银行。

9月23日，国会各政团在甘石桥汇报在京议员已600余人。

9月30日，高凌霨、吴毓麟、王承斌、熊炳琦、王毓芝联名致函国会议员称，“大政不宜久摄，元首岂可久悬”。至此，大选问题由于人款两足而有水到渠成之势，

在贿选中除普通票价每张5000元外，还有万元到万元以上的特殊票价。根据大选中的地位和作用分别论价行贿。王家襄一派得到贿款16万银元，王家襄重坐参议院议长交椅；众议院议长吴景濂一手包办贿选，得贿款40万元；秘密支给各政团首领多达20万元；各省议员头目、政团头目各得特别酬劳费二三万元不等；一般议员票价5000元支票，在曹锟当选后兑现。

10月1日，保派分子在甘石桥议员俱乐部向议员发放贿选支票573张，每张为5000元。支票签名有秋记（吴毓麟字秋舫）、孝记（王承斌字孝伯）、兰记（王毓芝字兰亭）、洁记（边守靖字洁卿）的四种，分由大有、劝业、麦加利等银行付款，以边守靖所办的大有银行为最多。支票一律未填日期，待总统选出3日后，由开票人补填日期并加盖私章，才能到银行兑现。然而还是不足法定出席人数。

曹锟此时一门心思要当大总统，而且决心在10月10日辛亥革命纪念日举行就职典礼仪式，定于10月5日举行总统正式选举大会。为了凑足大选法定出席议员人数，临时决定即使不给曹锟投票但出席会议者也发给5000元支票。为了确保议员们出席选举大会，还密派专人在北京宣武门外校场5条13号组织了一个“暗察处”，探员日夜分班，跟踪监视督促强迫议员出席会议。

10月4日，吴景濂召开宪法会议以测验出席议员是否足够选举总统的法定人数。当天出席者551人，因此4个月来流会达44次的宪法会议得以召开。出席议员要求摄政内阁公布众议院任期延长案，当然可以办到。吴景濂将宪法草案地方制度章自第二条以下各条提付表决，通过了二读会，国权章也交二读会讨论。当天选举总统会发出通告，定于次日上午10时选举总统。4日晚，甘石桥大选机关通宵加班，门前停放汽车几百辆。

一直到这个时候，行贿者与受贿者之间还存在互不信任的心理，有些议员怀疑总统选出后，直系翻脸不认账，他们打不起臭官司来。大多数议员则认为曹锟当选后，还须继续利用国会为其政治工具，不会恶劣到行骗赖账的

地步。

直系公开贿选总统，摄政内阁公开进行交易，直隶、山东两位省长公开到北京来替曹家办事，一时铜臭熏天，通国皆知，可是还缺少人证物证。10月4日，众议院议员邵瑞彭突向北京地方检察厅举发高凌霨、王毓芝、边守靖、吴景濂的行贿行为，并将行贿证据制版送交各报发表。这个证据是大有银行的支票5000元，上面未填日期，签名者为洁记，并盖有“三立斋”图记，背面注有一个“邵”字。证据发表后，直系在铁一般的事实面前无可抵赖，而他们也就公然置之不理。邵瑞彭先将眷属送出北京，随后本人也到天津转道往上海避难去了。

拆台派在六国饭店设机关，收买不投票的议员，最后每人8000元，共收买40人，终因财力不继而失败。在这40人中，还发现有人两边都拿了钱。

一切准备妥当之后，10月5日，大总统选举正式开始，这天上午北京全城军警宪兵一齐出动，荷枪实弹封锁会场，监视议员，北京军警长官王怀庆等都亲自到场指挥。在北自西单牌楼、南到宣外大街，布置了气象森严的警戒线，并派保安队往来逡巡。宪兵警察在象坊桥东西两口夹道排队，除议员及参观人员外，任何人不准通过。无论国会议员和旁听人员，入场前必须搜身，女宾由女侦探搜查。而议员们走进会场就失去了自由。

上午8点半，吴景濂走进会场清点人数，见签到者寥寥无几，心里凉了一截，便宣布改变10时开选的原定计划，正式开会时刻不定，什么时候签到人数够了什么时候开始。等到11时40分，签到的不足400人。吴景濂急得团团转，立即派可靠的议员出去，分途去拉同乡同党的议员，每人至少要拉一个议员到会。甘石桥派出汽车180辆，分途迎接议员到会，因此有些患病议员也被他们拉来。为了凑足人数，临时决定凡不投票而肯来出席者，也一律发给5000元支票。挨到下午1时20分，签到的议员593名，这才摇铃开始投票。此时的国会议员，都是民国元年选出的，中间几经周折，不仅任期早过，而且意志已衰，大多见钱眼开。所以，重赏之下，大多欣然前来投票。经过6小时，到下午4时，唱票完毕，出席议员593人。曹家付出了500多张支票，曹锟靠着钱财和枪杆花掉1350万元，届时得了480票，超过总票数的3/4，得以当选。孙中山也有18票。废票12张中有“孙美瑶”(抢劫旅客列车的土匪)、“五千元”各1票，“三立斋”3票。还有几十人拿了钱溜了，有一个人还将支票拍照登报，硬是要出曹锟的丑。总统买到了——曹锟以480票当选大总统。

其时吴敬恒正好在北京，他某次演讲提到贿选时指出，人的精虫若能全部胎化为人，则曹锟和他太太房事一次，即可有四万万个子女，一致投票选他老子了，根本就不必浪费许多钱来收买议员。这异想天开的言词，让闻者大笑，从此常有人称曹锟为“精虫总统”。

曹锟贿选，在当时是公开进行的，跟买珠宝首饰和萝卜白菜没有什么分别。现在，正式当选魂牵梦萦的总统，回想起当布贩子以来多年的苦挣，既有忍辱负重看上司脸色行事，又有左右逢源在夹缝中保存自己，更有兵戎相见在大战中打败敌手，历尽艰辛，费尽心机，才赢得了一国元首的高位，曹锟不免百感交集，老泪横流。

总统选出后，总统选举会赶办公文通知摄政内阁，内阁赶派专车迎接“新总统”来京就职。

曹锟当选的消息传到保定，直系的军阀、政客和倾向直系的社会“名流”、乡绅、巨商，都争相入府祝贺，专程到保定致贺的议员竟占两院议员总数的3/5。至于贺电，更是雪片般地飞来，仅6日一天就收到1000余件。一向主张“先宪后选”的吴佩孚，也给“老帅”发来了贺电：“恭喜我大总统名高海宇，功在国家，法统重现，遂作华盛顿之第二，共和有庆，克保大中华以万年。”

关于“宪法”问题。以前袁世凯采取了先选后宪的办法，这次曹锟却采取了选宪并举的办法。10月8日续开宪法会议三读会，宪法十三章141条全部获得通过，即于10月10日上午11时由众议院予以公布。十年来经过无数波折没有完成的宪法，在10月4日至8日的5天之内，随着贿选总统而开快车完成了。

10月10日曹锟来到北京宣誓就任中华民国大总统，同日国会通过了所谓的“中华民国宪法”。这部所谓“中华民国宪法”，同曹锟为“贿选总统”，国会为“猪仔国会”，议员为“猪仔议员”一样，被称为“贿选宪法”或“曹锟宪法”而载入史册，当时就有“私生子”之称，在民国史上留下了丑恶的一页。

下午3时曹锟率领妻室儿女，或骑马或乘车，游览了新华宫的各处建筑，观赏了亭台楼阁和奇花异木，泛舟中南海，赏景湖心亭。总统的荣耀给全家带来了欢欣，那种内心的畅快，绝非局外人所能体会。曹锟乐了，也醉了。他把他的姬妾安顿在居仁堂，居仁堂后有福昌殿、延寿斋、福寿轩、延庆楼、福禄居等华丽建筑，曹锟自己在居仁堂北面民国初年新建的延庆楼办公，福禄居会客。居仁堂、延寿斋、福寿轩等处，成了他妻妾们的住房。

曹锟当选后，对贿选出力者念念不忘，众议员钱宗恺为夫人贺寿，曹锟特送重礼六色，除寿仪1万块银元外，其余五色亦为奇珍。其他议员见状，纷纷仿效，举行祝寿、婚嫁等各种活动，曹锟均致送重礼。

曹锟花钱买了个总统，据统计、所用贿款高达1356万多元，其中包括各政党补助费，特别票价费，普通票价费，宪法会议出席费，常会出席费，特别酬劳费，“冰敬”（夏季津贴）、“炭敬”（冬季津贴）、“节敬”（节日津贴）和车马费，招待费，秘密费等种种名目开支。

花巨款搞贿选，为国人所不齿，当曹锟喜滋滋登上总统宝座之时，一个以反贿选为起点的反直风潮已经席卷了神州大地。早在保派分子大搞“先宪后选”骗局和筹措贿选经费的时候，反对派就以函电等形式表示反对。随着大选进程的加快，反对的声浪也越来越高，在曹锟当选和就职前后，已形成了一个大规模的反直运动。

曹锟贿选的丑恶行径激起了全国公愤。选举当天，上海各家商店门前悬挂白旗表示抗议。选举过后，全国许多地方纷纷举行抗议集会和示威游行。6日，上海市民在天后宫举行大会，与会者60余个团体，2000余人一致决议通电中外，否认曹锟为总统。出走到上海的参、众两院议员171人联名发表宣言，声讨曹锟贿选之罪。7日，杭州浙江省教育会通电：曹锟行贿应从严惩治；受贿议员应依律处罪；通电各国驻京公使，勿再贷款、售械给曹锟政府，助我内乱。杭州各团体、学校举行有五六千人参加的救国大会，会场内竹竿上插有浙籍受贿议员18人的纸扎猪像，与会者各执小旗一面，上书“一致讨曹”、“誓杀曹锟”、“五千元代价之猪仔”等标语。8日，孙中山在元帅府召开会议，议决通电讨曹。他指出，曹锟的贿选，是“文明之国家所认为奇耻大辱者也”，“故中国人民认曹锟之当选总统，为一种篡窃叛逆行为，在理在势，皆须反对而讨伐之”。他希望各友邦与中国人民一致反对曹锟的贿选。10月10日，曹锟就职之日，上海各团体数千人举行上海国民讨曹游行大会，沿途散发传单，各持旗帜，上书“国民一致坚决请各省军民长官出师讨曹”等字样。11日，广州议员开会讨论，一致通电否认曹锟贿选的总统，并请孙中山立下明令，声讨问罪。孙中山下令通缉附逆议员，并电请奉皖军阀段祺瑞、张作霖、卢永祥同时起兵讨贼。13日，广州工学界在教育会开国民大会，议决：声讨曹锟，惩治受贿议员；宣言中外，否认贿选；请孙中山出师北伐。广大群众咒骂曹锟为“贿选总统”，受贿议员为“猪仔议员”，国会为“猪仔国会”。杭州、芜湖的学生捣毁了当地“猪仔议员”的家宅。一向视民主政治为

神圣的西方人士、看不惯拿钱买选票的西方媒体也是一片鼓噪声。

与此同时，浙江的卢永祥宣布与北京政府断绝关系，东北的张作霖、云南的唐继尧等都先后发出了讨曹通电。显然，曹锟在各界各派的反对声中就职，而这一反对声浪在他就职后依然继续蔓延和发展。曹锟与民众矛盾的日益激化，与其他各派对立的日趋加深，注定他的总统不好当和总统宝座的不牢固。

第二十二章　总统难当

曹锟"当选"总统后，为巩固他的地位，首先竭尽全力扩大势力，将所有亲信均封官晋爵，给直系诸将论功行赏。其次，利用他的最高权力，进一步聚敛财富，使得百姓苦不堪言。由于他臭名昭著，民心丧尽，不仅遭到全国人民的唾弃和反抗，就是各地军阀也不听从他的号令，相互争斗，抢占地盘。

王仕珍，小站练兵时为督操营务处帮办兼讲武堂总教练。

曹锟在享受总统荣耀的同时，也尝到了当总统的难处。外交难，内政更难，曹锟当上总统不久，就被"统一"问题、内阁问题和财政问题弄得焦头烂额。

1923年10月20日，曹锟下令"筹商统一"，主张先从"和奉"入手，拆散反直"三角同盟"，进而实现全国统一。他认为自己与张作霖是儿女亲家，可以派自己的四弟曹锐出关，以副总统为交换条件劝诱张作霖赞助统一。但是，张作霖除了表示"保境息民"以外，其他如"统一"等问题则只字不提，曹锟的"和奉"计划化为泡影。

吴佩孚认为奉系是盗匪出身的假北洋派，不是北洋派的正宗，直奉两系终不免再次一战，故不可能化敌为友，而直皖两系虽曾兵戎相见，但同属北洋正统，为了维护北洋派的团结，应该联络皖系。在吴佩孚的坚持下。曹锟也不得不同意进行"和皖"的尝试。曹锟、吴佩孚"尊段"，段祺瑞则不冷不热。1924年3月13日是段祺瑞的生日，吴佩孚事前授意各省直系军阀通电表示对段的尊重，并发起在这一天为段祝寿，但段却谢绝为自己做寿。这样，直系的"和皖"计划也落了空。

这时，孙中山在共产国际和中国共产党的帮助下，于1924年1月在广州召开了中国国民党第一次全国代表大会，实现了国民党的改组，重新解释了

三民主义，明确了反帝反封建的革命目标，同曹锟的北京政府处于鲜明的对立地位。

吴佩孚居功自傲，自称是曹锟的长子，言外之意是迟早要取而代之。吴佩孚还把冯玉祥、王承斌等人的地盘和兵权也夺了去，因此，直系内部又形成了冯玉祥、王承斌、刘夔元结合起来的反吴三角联盟。直系外部以孙中山为首的广东政权，为实行北伐，采取了分化北洋军阀集团，联合皖、奉共同讨直的策略，形成了粤皖奉反直三角联盟。这两个三角联盟搞得曹锟焦头烂额。

因此，曹锟无法解脱直系与各反对派别的矛盾，他的政令在直系军阀以外根本不起作用，这不能不使他感到头疼。上台执政以后，曹锟被内政、外交问题弄得晕头转向，苦不堪言。北洋派元老王士珍见状曾意味深长地叹息道："如果要害人，最好是请他当总统。"曹锟领略了当总统的难处，也对他身边的人大发牢骚："你们一定要捧我上台，却叫我来活受罪。"手下人都暗笑他是"自己拼着老命要来活受罪"。

曹锟身体不好，常常闹病。另外，他不喜交往，对来访的宾客一般不予接见。因此，外面谣传说曹锟已经死了，只是秘不发丧而已。曹锟听到这一谣传，不禁大怒，命令手下人追查。手下人回报说，谣言从总理孙宝琦家里传出来的。据说孙宝琦请算命先生为总统算命，算出来的结果是：总统不出一个月就会死亡，孙宝琦很快就可以代行总统职权了。曹锟一听此话，深恨孙宝琦。孙宝琦知道曹锟对他发生了误会，几次到总统府，想当面解释清楚此事，说明自己从没干过这样的事。但盛怒之下的曹锟却深信不疑，不予接见，并一再叫手下人回复孙宝琦说："我已经死了。"

总理孙宝琦

曹锟当上总统后最怕听两出京剧，一出是《击鼓骂曹》，一出是《徐母骂曹》,当年北京的戏院只要贴出这两出戏的戏报,就要被军警撕毁,后来甚至宣布为禁戏。

1924 年曹锟政府总理孙宝琦会见各国外交官。

曹锟登上总统宝座的同时也是他逐渐衰落的开始。实际上,除了各界民众和反对派以外,曹锟走上败亡之路的重要因素是直系内部的窝里斗。俗话说,堡垒是最容易从内部攻破的。直系一战打败段祺瑞,再战打败张作霖,独揽北京政权,曹锟贿选上台。在此过程中,直系内部虽也有各种矛盾,但是,在一致对外的情况下,还能保持内部的团结。历史上许多事实证明,当某一阶级或集团在争夺天下时,大都能兢兢业业,奋发向前,而当掌握政权后,则又出现内部的派系或权力之争,自己削弱了自己,以致走向覆灭。直系军阀走的也是这一条道路,当曹锟爬上总统高位之后,内部的矛盾和争斗马上就显现出来。诸如,总理之争,国务院与国会的矛盾,国会内两派的对垒,以及保派官员间的争斗,等等都属于这种性质。

然而,直系内部的更大争斗,则是握有军权的大小实力派之间的争斗。

曹锟上台后,论功行赏,大"封"直系将领。10 月 21 日,曹锟任命在大选中卖过死力的王承斌为直隶军务督理,同时,想把自己当总统前的直鲁豫巡阅使一职让给他的子玉老弟继承。按理说,吴佩孚为曹锟手下的第一员大将,"老帅"高升,"大帅"接替"老帅"是顺理成章的事。可是,吴因飞扬跋扈、

目中无人,已成了直系内部群起而攻之的对象,保派政客们却建议委派他为七省经略使,令其移驻汉口,专事对付南方,不许过问北京政府的事。曹锟拉完磨杀驴,“杀”谁也不能“杀”吴佩孚,因为没有吴就不会有今天,更重要的是今后还靠吴支撑局面,因此,他慷慨激昂地对反吴的将领们说:“你们哪个能比吴佩孚?你们总是诋毁他,就不想想他对直系有多大功劳?南大门是谁保卫的?段祺瑞是谁打败的?张作霖又是谁赶跑的?不是他支撑这个局面,我们能有今天?”他力排众议,11 月 11 日任命吴佩孚为直鲁豫巡阅使。同日,任命齐燮元为苏皖赣巡阅使,萧耀南为两湖巡阅使,王承斌兼任直鲁豫巡阅副使。

曹锟的封赏,使直系诸将各得其所,本应各享其荣,各司其职,彼此相安无事。可是,众家弟兄都讨厌大权独揽、颐指气使的吴佩孚,由于利害的结合,在直系内部形成了冯玉祥、王承斌、齐燮元的反吴“三角同盟”。冯玉祥、王承斌、齐燮元同受吴佩孚的压制或排挤,同病相怜,同生不满、同步反吴,大大加速了直系势力的衰落与毁灭。

祭孔典礼,北京,1924 年

吴佩孚对自己的直属部下,犹如主人对待奴才一样,不仅使他们的职权受到无理干涉,而且也毫不顾及他们的脸面,从而导致部下们口服心不服,于畏惧中离心离德了。

吴佩孚在直系内部成了众矢之的，保派政客和直系许多将领经常在曹锟面前告状或诉苦。但是，曹锟需要吴佩孚支撑局面和对付反对派，一旦有战事，更需要吴来临阵指挥，因而，并没有动摇他对吴的信任。吴佩孚自恃有曹锟的支持与倚重，有直系的最大兵力在手，有多年来形成的显赫地位，尽管他的作为遭到直系许多政客和将领的反对，但依然我行我素。

吴佩孚遭到直系许多军政大员的反对，一时间，曹锟的耳朵里充满了控诉吴的声音。但是，曹锟仍不为所动，并且替吴解释说："子玉就是好喝酒，容易动肝火，我要劝他少喝几杯黄汤。"曹锟为了维系直系的统治，自然要支持并倚重吴佩孚，而吴佩孚却遭到直系各方的不满与反对，这又从内部危及直系的统治，曹锟无法解决这个矛盾，只能一步一步走向衰亡。

第二十三章 直奉再战

正当直系内部窝里斗，北京政局一团糟之际，被直系打出关外的张作霖，经过两年多卧薪尝胆的积极准备，为了报上次直奉大战中一败之仇，争夺中央大权，发动了第二次直奉大战，而这次大战的前哨战，则是齐燮元与卢永祥之间的江浙之战。

吴佩孚的亲信、江苏督军兼苏皖赣巡阅使齐燮元一直窥视着卢永祥的地盘，特别是上海这块肥肉。他数次向吴佩孚献计，要把上海夺过去。但遭到吴佩孚反对，齐为此对吴很不满，但又不敢和吴公开对抗。吴佩孚并不是不想让直系占领上海，只是企图用宽厚的策略拉拢卢永祥，使他归顺直系。

曹锟贿选后，卢永祥通电反对，并停止了与北京政府往来，反直系的政客和未参加贿选的议员麇集于杭州、上海，浙沪俨然成了反直的中心，终于使吴佩孚下决心消灭卢永祥。

吴佩孚命孙传芳为闽粤边防督办，另以周荫人代孙传芳为福建督理，要孙传芳同陈炯明勾结起来压制孙中山。但广东的地盘不易深入，而福建一省难容纳孙传芳、周荫人二军阀，孙传芳亟谋向浙江扩张势力。吴佩孚给曹锟发电，主张用鄂、赣、苏、闽几省兵力围攻浙江、上海，由齐燮元和孙传芳主其事。

不料，吴佩孚的电报被段祺瑞收买的曹锟的译电员弄到手，立即派人送给卢永祥。

卢永祥得到消息，决定同直军决一死战，又派人到奉天，要求张作霖在北方发动军事攻势，使直军首尾不易兼顾。张作霖很快答应了卢的要求。

齐燮元和孙传芳得到吴佩孚的支持，便联合皖、赣、苏、闽四省直系军队，以收回淞沪地区管理权为由，分四路攻守。第一路攻上海，由宫邦铎任之；第二路驻守宜兴，由陈调元任之；第三路攻广德，由王普任之。一二三路由齐燮元任总司令；第四路攻仙霞岭，由孙传芳任总司令。

皖系军阀方面，则以浙、沪和从福建退入浙江的军队组成浙沪联军，分三路攻守，由卢永祥自任浙沪联军总司令。分兵三路迎敌，第一路以何丰林、臧致平守上海，第二路以陈乐山、杨化昭攻长兴，第三路以张载杨、潘国纲守江山。江、浙战争正式爆发。卢永祥自任浙沪联军总司令，分兵三路迎敌，并通电大骂曹锟"大选贿成，立身不正，武力统一，阻碍和平"，同时，要求成立反直联盟，出兵讨曹。

1924 年 8 月 24 日，齐卢之战打响，但遇上连续阴雨天气，战壕里积满了水，官兵们蹲在水里打枪，浑身是泥水，双方打打停停，打过来打过去，形成拉锯之势，9 月 8 日，曹锟正式下令讨伐卢永祥。曹锟的讨伐令一下，江、浙两军的战事便全面展开。一直连续 40 多天，10 月 13 日战争最后以卢永祥的失败而告终。卢永祥通电下野，偕同何丰林乘轮船赴日本。

江浙战争虽然只在局部地区进行，但由于卢永祥是奉、皖、孙反直三角同盟中的成员，因此，战争一经爆发，就牵动了张作霖，并于 9 月 4 日通电讨曹。张作霖进攻直系蓄谋已久，江、浙战争爆发为其进兵提供了口实与时机。明明是彼此间的权势之争，张作霖却说成是"为国家计，为人民计"，"扫除民贼，去全国和平之障碍，挽人民垂绝之生机"。此点，与曹锟讨伐卢永祥如出一辙，明明是为了消灭异己，却总是要编造出一些冠冕堂皇的理由，以蒙骗国人。

张作霖磨刀霍霍，并且已举刀杀来，曹锟只得起而应战，在接到张作霖的电报后，立即电召吴佩孚火速进京主持作战。吴佩孚深知与张作霖一战势不可免，1923 年春就开始向赤峰、朝阳、山海关等地派出重兵，作了重兵设防、待机出击的军事部署。而直系军队这几年经过扩充，到 1924 年夏，陆军达 21 个师(含 2 个川军联直师)、17 个混成旅，共 25 万，远远超过张作霖的 17 万大军。因此，15 日晚接到曹锟的电报后，表现得镇定自若，胸有成竹。

吴佩孚到京以后，曹锟把指挥全权交给了吴佩孚。吴佩孚把自己公署机构的原班人马搬到国务院办公，改称讨逆军总司令部。俨然是一个战时内阁，成为北京政府的最高权力机关，他自己也就成了"全国兵马大元帅"，而国务院则成了他手下办理外交和筹措军饷的从属机关。战争的需要，使吴佩孚的权势达到了顶峰。

9 月 18 日晚，吴佩孚在总统府组织讨逆军总司令部，演出了一场四照堂点将的滑稽戏。当晚。直系高级将领及国务总理、陆军总长、海军总长、航空署长等 60 余人齐集中南海四照堂，等了好久，才听到有人喊："总司令来啦。"大家寻声望去，只见吴佩孚迈着八字步摇摇摆摆地走了进来，下身穿一

条白色裤子，上身穿紫色绸子夹袄。外披黑色坎肩，不系纽扣，敞着胸怀，嘴里叼着一根纸烟，走到首席的椅子前，盘腿坐下，斜身靠着长桌，手拿曹锟的"讨逆令"就念了起来。念到中间，电灯忽然熄灭，半晌后才又亮了。在场的一些武将纷纷耳语："不吉，不吉，这是不吉之兆。"吴佩孚念完"讨逆令"，就逐个点将，分配作战任务。他宣布，自任讨逆军总司令，王承斌为副总司令兼直隶后方筹备司令。接着，宣布了各路军主官及进军方向。

吴佩孚点将点到这里，就想离席了。海军总长杜锡珪急忙站起来："报告总司令，命令上没有提到海军，我们舰队么办?"

吴佩孚不耐烦地说："在命令上添一条，你们自由游弋，以防意外。"

空军署长又站了起来："还有空军呢，怎么办?"

吴佩孚"哦，哦"了两声，说道："也添一条，随时准备，相机出击。"

接着又有张家口骑兵将领起立请令，吴佩孚命令他们在古北口外活动。又有兵站负责人等先后请令，吴佩孚搔了搔头，生气了：

"这样紧着往下添，还成个命令吗？你们不能等着以后再商量吗?"

于是，大家一哄而散。

四照堂点将本应是一次严肃的军事部署，吴佩孚却把它弄得形同儿戏，这是他盲目自信，以为胜券在握的心理所致。

吴佩孚四照堂点将后，直系打开军火库，把存放的1921年曹锟向意大利政府买的一战剩余军火全数搬出。计有存放北京的迫击炮20000门，炮弹1000000发；存放天津的步枪30000枝，子弹3000000发，又有山炮6门，炮弹24000发；菲亚特机关炮50门，炮弹3000000发；存放山海关之军械，步枪19000枝，子弹17000,000发；野炮21门，炮弹2500箱；手榴弹1400枚；无线电通讯2架。获得军械，直系20万大军陆续开拔，9月17日即已开战的第二次直奉战争，便全面展开了。曹锟养尊处优，在总统宝座上悠然自得，吴佩孚信心十足，为打败奉军全面运筹。此时，他们谁也不会想到，宝座即将坍塌，胜利将属他人，一场灾难在等待着他们。

1924年9月15日，奉军分别向山海关、朝阳两路出发，开向山海关一路的是以姜登选、韩麟春为正副军长的第一军和以张学良、郭松龄为正副军长的第六军，此一路为奉军的主力，开向朝阳一路的是以李景林、张宗昌为正副军长的第二军，也是奉军的一支劲旅。

在山海关方向作战的以彭寿莘为总司令的第一军，是直军的主力部队之一。直奉两军接触后，到9月28日战事转趋激烈；10月7日，奉军向山海关直军发动进攻，双方激战3小时，奉军伤亡较大，暂行后退。到了8日，双方仍在激战中，这时，传来了直系第1军所属第13混成旅丢掉九门口阵地、旅长冯玉荣自杀的消息。

彭寿莘得知冯玉荣自杀、九门口未能收复的消息后，感到了问题的严重性。因九门口失守，直军在山海关方面的阵地被打开了缺口，奉军可以长驱直入。

山海关方面战事紧急，可是直军统帅吴佩孚却仍在北京。自直军各路陆续开拔后，吴佩孚并没有即刻随军指挥，而是坐在北京未动，一方面调动人马巩固后方，一方面在筹措军饷。直系连年用兵，国库空虚，财政拮据，这次直奉大战的军费亟须设法筹集，为此，曹锟和吴佩孚也都费了一番脑筋。

10月10日，吴佩孚在筹得部分款项之后离京奔赴前线，此时，山海关战场的争夺也日趋激烈，在奉军突破九门口，与直军在石门寨一带争战时，也向山海关的直军第15师发动了猛烈进攻。直军坚守阵地抵抗，奉军久攻不下。后来双方都增派了援军，直系援军总司令张福来来到秦皇岛，彭寿莘也回到了山海关司令部，但是，两军都无大的进展，形成相持状态。双方投入20万以上兵力，均出动了海、空军参战，战争的规模是近代军阀混战史上空前的。

第二十四章　北京政变

吴佩孚四照堂点将派出三路大军时，计划东路由第一军联合海军进攻山海关方面的奉军，中路第二军在热河取守势，西路第三军出热河迂回敌人侧翼，威胁奉军后方战略要地锦州，以吸引、分散奉军主力。现在，东路直军激战山海关，中路直军防线被攻破，这两路战场上枪炮轰鸣，硝烟弥漫，可是，冯玉祥率领第三军的西路却是无事静悄悄。当山海关方面战事吃紧，吴佩孚命冯玉祥火速前进，从侧面牵制奉军，以减轻山海关一线压力时，冯玉祥所部还在五六十里一回头，在那里慢慢腾腾地“爬行”。

孙中山与李大钊会谈处

冯玉祥当然是直系军阀中的重要战将，但是吴佩孚的多方压制与排挤，堵塞了他进一步发展的道路，他与吴佩孚之间的权势之争，使他成为直系内部反吴“三角同盟”的重要成员，一直在伺机打掉吴佩孚，去掉压在自己头上阻碍自己发展的障碍物。

国共合作后，国民党上海执行部合影。著名国民党人汪精卫、胡汉民、戴季陶与著名共产党领袖毛泽东、向警予、罗章龙在一起。

10月23日，冯军鹿钟麟部开进北京城

冯玉祥虽然在直系军阀中身居高位，但是他来自中国社会底层，早年就有朴素的爱国思想。从参加辛亥革命和反袁护国战争到参与平定张勋复辟，都反映了他反对专制、维护共和的进步倾向。尤其是1920年与孙中山建立联系后，他的爱国思想日增，革命倾向日浓。不满于吴佩孚的武力统一和曹锟的贿选窃位，产生了改变中国现状的强烈愿望。

发动北京政变的冯玉祥将军

1924年5月7日，冯玉祥将军在南苑兵营举行阅兵式，曹锟、吴佩孚等人坐在阅兵台上。冯玉祥命鹿钟麟率部操练大刀，以发泄对上司克扣本部粮饷的不满，并以日军为假设敌，提醒人们勿忘国耻。曹锟只好在冯玉祥递过的请发枪械的呈文上盖上大印，吴佩孚提醒曹锟，冯玉祥桀骜不驯，应多加防范。曹锟则认为安抚为上，并欲将小女许给丧偶的冯玉祥。冯玉祥用苛刻的条件回绝了曹锟，而后娶李德全为妻。孙中山派来特使徐谦与冯玉祥联络。徐谦走后，冯玉祥为了装备部队，只好忍痛向李彦青行贿10万大洋才将枪械领回。吴佩孚闻讯，大骂李彦青不该为虎添翼，并令继续克扣冯部粮饷。冯玉祥无奈，令士兵劫粮车。曹锟怕再起事端，只好将此事压下。某夜，冯将军偕夫人拜会了苏联新任驻华大使加拉罕。在大使的巧妙安排下，冯玉祥再次见到徐谦。徐谦转交了孙中山亲书的《建国大纲》。此后，冯玉祥与孙岳、胡景翼秘密结成反吴联盟。

在"北京政变"期间，冯玉祥部在滦平召开军事会议时合影

冯玉祥在这种复杂思想支配下，着手联络直系内外的一些力量，以便在适当时机有所举动。在直系内部，冯玉祥与北方将领孙岳、胡景翼建立了秘密联系，决心实施倒吴计划。冯玉祥在部队出发后，采取延宕的办法，刚到古北口，又借筹措给养为名而停留下来。

10月11日，冯玉祥离开古北口，进驻滦平。这时，直军第一军在山海关方面、第二军在喜峰口和平泉方面均有激烈战斗，唯独冯玉祥的第三军，因进军迟缓，始终未与奉军接触，故而西线静悄悄。静中有动，动的方向不是奉军，而是曹锟所在的北京，很快，冯玉祥就班师倒戈了。10月19，冯玉祥召集部将张之江、鹿钟麟、李鸣钟、刘郁芬等开会，会前，冯部的将领和幕僚虽不明白冯的秘密计划，但从此次出征的种种布置中，也都猜出了冯的意向。会上，他们看出即将有所行动，一致表示听从冯的命令，拥护冯的主张。

冯玉祥向他们正式宣布了班师回京，推倒曹、吴的计划、与会者讨论了回京的步骤和办法。10月21日，冯玉祥所部后卫变前锋、前锋变后卫，各旅按命令快速向北京进发。几万大军神不知鬼不觉，如行云似流水，以一昼夜200华里左右的行程，快速地先后返回北京。

冯玉祥的鹿钟麟旅、李鸣钟旅已经兵临城下，但是曹锟却是一无所知。10月22日这天清早，曹锟沿袭当总统后养成的习惯，和往日一样在延庆楼外的小院散步，他的第四个太太刘凤伟也陪他一起散步。

"夫人，今天是几号?"一直沉默不语的曹锟突然问道。

"仲珊，这些天你怎么老健忘，今天是10月22日嘛。"刘凤伟答。

"才10月22日，怎么这院内的枫叶都快落完了？还记得去年我们刚刚搬进的日期吗？去年10月10日我们进来时，这枫叶正是火红。前后只相差10多天，变化却这么大，真是不可思议呀?"曹锟似有许多感慨。

"仲珊，你怎么也怜花惜玉起来了？花开花谢自有时，这是自然规律，我们不要管它嘛。"刘凤伟尚不理解曹锟的心境。

根据清室优待条例，逊帝溥仪"尊号仍存不废"，溥仪与其英文教师英国人庄士敦在一起

入夜，在曹锟酣睡之中，鹿钟麟即以接运给养为名，派一团人押数百辆大车从北苑进城，所有武器都藏于车内，没有引起怀疑。深夜12点，夜幕沉沉，城内一片寂静。鹿钟麟率部静悄悄地来到安定门，守军孙岳事先已接到通知，便命令守兵打开城门，迎接冯军入城。鹿钟麟指挥入城部队四下分散，分别占领指定地点，并

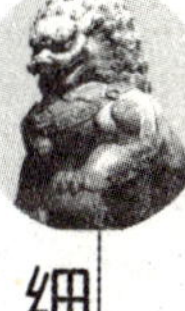

用大车封锁了城内各重要交通路口，割断了总统府及有关机关的电话线，并占领了电话局、电报局及火车站等要害部门。各处守卫警察因事变突如其来，莫知所以，均乖乖缴械。

鹿钟麟入城后，即将司令部设于太庙，指挥部队在北京全城迅速布防，封锁了各重要交通路口。事先混入城内的部队，已按原定部署，于11时包围了总统府，此时总统府卫队长官正在通宵打牌，对外面所发生之事全然不知。鹿钟麟不去惊动他们，只令张俊声加强警戒，严密看守，先派人将曹锟之心腹李彦青、曹锟之胞弟曹锐逮捕。23日凌晨5时，鹿钟麟就把北京全城控制在手中。6时许，他请孙岳派人出动解除了总统卫队及警备部队的武装。国民军接收了全城的防务。

冯玉祥这次政变，计划周密，行动迅速，未放一枪一弹，在夜幕沉沉之中控制了总统府和整个北京城，不但居民毫无察觉，就是曹锟和政府官员也都在睡梦中。第二天清早，城内居民看到各交通要道遍布佩戴“不扰民，真爱民，誓死救国”臂章的士兵，才知道昨夜发生了重大事变。曹锟一觉醒来，发现总统府已被大批军队包围，电话不通，卫队换了样，才明白冯玉祥的部队已倒戈回京，自己失去了自由，成了阶下囚。这天，离曹贿选总统，仅一年零二十四天，下场可谓凄凉。

溥仪与遗老郑孝胥等在御花园。

冯玉祥到达北京的当天，即10月23日，就由他领衔发出了主和通电，署名者还有胡景翼、孙岳及其他将领。同时，冯玉祥为了制止吴佩孚反扑，当日晚，派孙岳到延庆楼，让曹锟解除吴佩孚的兵权，并将曹锟幽禁在延庆楼。

10月24日，颜惠庆内阁遵照冯玉祥的意思，通过决议，发表了四道命令：一、停战，二、撤销讨逆军总司令部，三、解除吴佩孚曲直鲁豫巡阅使及第三师师长等职；四、任命吴佩孚为青海垦务督办。当这些决议送到总统府盖印时，曹锟百感交集，无以言状，在来人一再催促之下，一边盖印一边叹息："子玉老弟，我实在太对不起了。"

10月25日，冯玉祥在北苑召开军事政治会议，议决电请孙中山北上主持大计，为应付当前局势，先请段祺瑞出面维持。（冯等通电原拟专对吴佩孚，仍承认曹锟为总统，黄郛力持不可，并代拟此电稿，可知冯等初并无推翻曹锟之意。）

11月1日，颜惠庆内阁辞职，黄郛出任代理总理，组成摄政内阁。内阁摄政，需要总统向国会提出辞职咨文后才能摄行总统职权，王承斌承担了劝曹锟辞职的任务。黄郛内阁组成的第二天，即11月2日，王承斌来到了总统府。

印度诗圣泰戈尔访华时与溥仪合影

曹锟自被囚以来，与外界断绝了联系，有关政变的事，他只知道冯玉祥、胡景翼、孙岳三人倒戈回京，其他将领的动向尚不得而知。王承斌来到，给曹锟带来了一阵惊喜，以为王是经过冯的特许而来，事态有可能缓和，自己也有可能恢复自由。但王承斌却宣读了冯玉祥签发的命令："限曹锟24小时内辞职、迁出新华宫，保证其生命安全；如曹不走，即断行最后处置。"曹锟听后脸色阴沉，目光呆滞，没想到一年多前劫车索印、为自己上台竭尽全力的王承斌，也同冯玉祥等一起逼自己下台，不免大有世态炎凉、人心难测之感。身为阶下囚，一切都由不得自己，曹锟被迫向国会提出辞职，由内阁暂行总统职权。

曹锟自1923年10月10日贿选上台，至1924年10月23日被囚和11月被迫提出辞职，只做了一年零二十几天总统，其下场比以前历届总统都要凄惨，即使是被他逼走的黎元洪，总统当不成了，还有个人身自由，而他连这个都没有。

驱逐溥仪后建立的北京故宫博物院

曹锟虽提出了辞职，但总统的印玺却不愿交出，在他看来，自己尽管不能行使职权，但是印玺毕竟是总统的标志，权力的象征。因此，在黄郛内阁令其交出印信并以向中南海开炮相威迫时，他仍不肯交出。接着，新任北京警备总司令鹿钟麟等带兵来到总统府，曹锟见再不交印已势不可能了，只得把大小15颗印玺全部拿出，有些神经质地仰天大笑起来："哈哈，都给你们，你们全都拿去吧！”

曹锟被迫交出总统印玺，却仍住在总统府内，由冯玉祥派来的一位营长相陪。北京警备司令部经常送来一些食品和蔬菜，他的一些部属和家眷也可前来探视。曹锟心情烦闷，有时对探视者也大发牢骚，一次，曾担任其副参谋长的王坦前来探望，他以为王也参加了政变，便对王说：“当时你们大家把我拥戴出来，这时又由大家把我看管起来，怎么都可以，我没什么说的。”

冯玉祥不满曹、吴的统治，尤其痛恨吴佩孚的所作所为，如今，曹锟已经被囚，主要对付的对象是吴佩孚，何况自己在曹锟手下有年，曹对自己还算可以，因此，他不想更多地难为曹锟，遂指示看管曹的官兵要善待曹锟，并且派张绍曾的弟弟张绍程前去看望，去前对张说：“你见着曹总统，就说我因事忙，没有时间去看他。如有什么需要，由你转达给我，即与照办。”

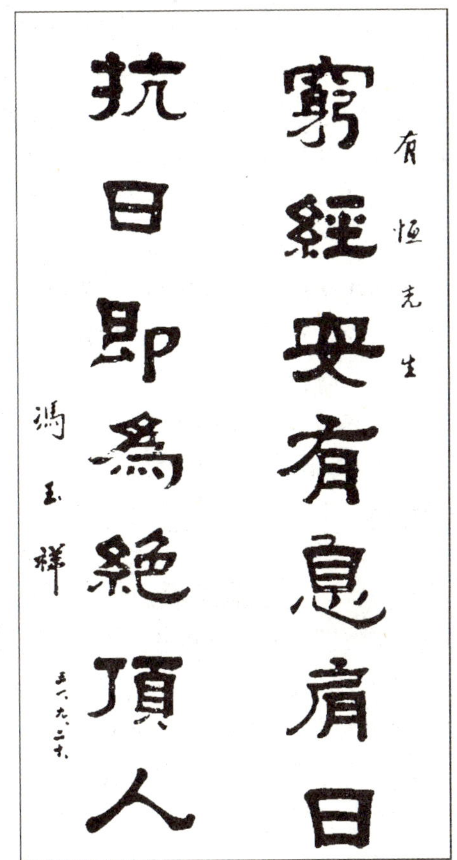

冯玉祥手迹

张绍程到延庆楼，曹锟正在吃涮羊肉，热情地将张请入内室。张见曹上穿鼻烟色短上衣，下穿青色西服裤，精神蛮好，对曹说：“敬舆大哥（指张绍曾）为了和平来北京找冯检阅使，没有时间来看总统，叫我代表他来看看。”又说：“我来时，冯检阅使要我向总统致意，说如需要什么要我转达，好给总统预备送来。”曹锟说：“敬舆是我的好兄弟，你来了也一样，也一样请你转告冯检阅使，他们对我都好，不需要什么。”其实，在被关押的日子里，曹锟天天在骂冯玉祥不仁不义，可又不敢骂出声来。他真怕冯玉祥“坏事做到底”，再要了他的老命。

曹锟被囚之后，把唯一的希望寄托在吴佩孚身上，逢人便问：“子玉现在在哪里？”

当冯玉祥倒戈回师，控制了整个北京之时，吴佩孚正在秦皇岛他的总司令部指挥作战。10月23日，冯玉祥等人的主和通电发表后，吴佩孚虽然大吃一惊，但还怀疑是张作霖捏造出来的假电报，待查明属实后，便把对奉军的作战任务交给张福来主持，自己率领第3师、第2师的各一部约万余人乘车回救北京，26日到达天津。

冯玉祥在政变后已料到吴佩孚不会善罢甘休，在军事上早已作了布置。冯玉祥趁吴佩孚的军队刚进入阵地之时，下令在张庄、杨村、北仓一带分头先发制人发动进攻。由于吴佩孚的部队刚从直奉前线抽调下来，本已疲劳不堪，在冯玉祥的国民军的冲击和包抄下，更是不堪一击。败退回天津。同时，吴佩孚的南方援军也被阎锡山等人阻断，而这时奉军又占领了唐山等地，他在军粮城的司令部已处在三面来兵的不利境地。吴佩孚大哭了一场，不得不于11月3日率领2000余人登舰南下，直军约20万人被歼、被俘。吴军残部在军粮城两头被包围。在英国军舰掩护下，由大沽钻入海军运输舰南逃。经上海转武汉，后又回到河南重整旗鼓。但吴从此元气大伤，未能再抖起昔日的“威风”。

曹锟在倒台之前，为了应付即将到来的直奉战争，还继续向其他国家购买军械，如德国船只里克默斯号为驻汉口的布瓦苏公司装运飞机和240箱迫击炮到天津，价值18000英镑，1924年费尔兹号运载飞机2架到天津。布拉格的一家捷克军火公司诺天特尼也报导说，1924年6月7日施莱斯丁号货船从安特卫普运出25箱手枪，子弹250000发；同一个月内，又有沃格勒号货船从汉堡运出迫击炮6箱；1924年6月18日，奥利夫号货船从汉堡运出迫击炮300门，这些军械均运给天津的直系部队。得到曹锟政府批准的诺沃特尼公司经纪人赖荷达在天津丰大业路87号的办公室里经办这些军火买卖的业务。不巧，冯玉祥发动北京政变，各船所运军械都转到冯玉祥、张作霖手里了。

第二次直奉战争，从9月15日至11月3日，历时50来天，以直军主力全部覆灭和吴佩孚的败走而告结束。直系战败，除有政治上处于孤立地位、内部分崩离析、战争准备不足、军事装备落后等原因外，冯玉祥的倒戈政变是个重要因素。

冯玉祥称北京政变为“首都革命”，其实，这次政变还算不得真正的革命，因为它并没有解除北洋军阀对中国的统治，政变的主要发动者冯玉祥倾向革命，但对革命却未真正了解，不满军阀统治，但对军阀却缺乏本质认识，正处于从军阀营垒向革命营垒迈进的过渡状态。尽管如此，北京政变还是体现了一定的改革精神，诸如废弃了贿选的曹锟政府，为黄郛内阁提出了具有刷新政治内容的施政方案，驱逐溥仪出宫并修改清室优待条件，尤其是电邀孙中山北上共商国是，等等，无不体现了这种精神。

冯玉祥一贯痛恨封建帝制，北京政变后，决心以全力行其素志，把溥仪逐出宫去。11 月 5 日，摄政内阁作出修正优待清室条件，永远废除皇帝专号，将故宫一律开放，备充国立图书馆、博物馆之用。冯玉祥当天就派他的部下北京警备总司令鹿钟麟和警察总监张璧到故宫溥仪住处，让溥仪立即迁出宫外，并将宫内太监 470 余人、宫女百余人分别给资遣散。溥仪开始不肯搬出。鹿钟麟见事情不能解决，就故意大声对随从人员说："快去告诉外边，时间虽然到了，事情还要商量，先不要开炮放火，再延长 20 分钟。"溥仪听后，被迫交出印玺，离开故宫，国民军用汽车 5 辆，送溥仪及清室"后妃"移居什刹海"醇王府"。11 月 29 日，溥仪偕同郑孝胥、陈宝琛两人，由"醇王府"逃往日本公使馆，不久，又从日本公使馆逃往天津日租界。辛亥革命后北京故宫还保留着皇帝的荒唐局面结束了。

10 月 23 日，冯军鹿钟麟部开进北京城。

第二十五章　总统迷梦

北京政变后的最初一两个月内，北京政权基本上掌握在冯玉祥及其国民军手中，因此，才有了一些改革政治的措施。如驱逐溥仪出宫，迎孙中山北上执政。但是，冯玉祥的这些做法，深为北洋各实力派所忌，各帝国主义列强也不断地向其施加压力，使这种局面并没有继续保持下去。

张作霖违背了不派兵入关的诺言，乘战胜直军之机，大批奉军开入关内，极力主张段祺瑞出山，企图利用段的招牌，凭借自己的实力，抑制国民军，控制北京政府；而长江流域的直系势力，为了防止北方势力南伸，则企图拥段自保，于是，齐燮元、萧耀南、孙传芳等纷纷电请段祺瑞出山，在这种情况下，冯玉祥为了平衡与奉张的关系，阻止直系势力北上，便决定联络皖系军阀郑士琦，使他在山东截阻直军，并也决定请段祺瑞出山。段祺瑞也极想乘机重返政坛。这样，从北到南就为段祺瑞出山造成了一种气氛。

正是由于上述主客观原因，11 月 10 日，段祺瑞、张作霖、冯玉祥和有关人员在天津举行会议时，便议决在新政府产生前组织临时执政府，由段祺瑞出任临时总执政。11 月 15 日，又由张作霖、卢永祥、冯玉祥、胡景翼、孙岳五人联名通电，推戴段祺瑞为中华民国临时总执政。这样，北京政权便落入了张作霖、段祺瑞手中。

段祺瑞的临时执政府成立后，北京仍在国民军的控制中。11 月 29 日，曹锟被囚已有一个多月，吴佩孚杳无音信，恢复自由无望，他正与也被囚禁在延庆楼的曹锐相对而泣，一个团长走了进来，要把曹锐带出去问话。曹锟认为此一去凶多吉少，死拉着他的四弟不让带走。曹锟的刘夫人见那个团长脸色很难看，知道阻止不了，就连拉带劝地把曹锟拉进了里屋，那个团长带着曹锐坐上汽车走了。

曹锐下车后就被拉去过堂，问官叫他交出全部财产，他一声不吭。问官叫人把尚在关押的曹锟宠臣李彦青提出来，当场行刑施以鞭打，吓得曹锐面无人色，扑通一声倒在地上，不省人事。问官吩咐送往医院抢救，结果不治而亡。曹锐舍命不舍财，在离开延庆楼时就吞下了生鸦片，因药性发作致死。

1925年四川饥荒，图为綦江饥民

曹锟得到曹锐死亡的消息，伤心得大哭一场，吵闹着要见段祺瑞问个明白。12月6日，段祺瑞下了一道命令："曹锟贿选窃位，祸国殃民，着内务、陆军两部严行监视，听候公判。"命令措词严厉，曹锟以为段要报直皖战争之仇，真的要对他"严行监视"，进行公判。其实，段祺瑞是以严厉措词为掩护，将曹锟由国民军那里转到自己手中保护起来，并非要严厉制裁，曹锟不知底细，闹了一场虚惊。

段祺瑞的执政府成立后，一方面支持奉系势力向关内扩张；另一方面，奉、段联合，共同压迫国民军。1925年1月，下令裁撤陆军检阅使，冯玉祥专任西北边防督办，把河南和西北地区划为国民军的势力范围。

张作霖为了排挤冯玉祥，把国民军的势力清除出北京，便暗中调兵遣将，准备厮杀。同时，张作霖为了对付国民军，极力与吴佩孚的直系势力谋和。吴佩孚在张作霖的积极联络下，很快就与奉系勾结起来。1926年1月，张作霖、吴佩孚取得了谅解，成立了同盟，共同进攻国民军。

冯玉祥面对不利形势，为了避免成为各路敌对势力攻击的目标，于1926年1月通电下野，3月赴苏联考察，西北边防督办一职和国民军的统帅权力由张之江代理，军队由鹿钟麟率领。冯玉祥的下野，并没起到避免攻击的作

用,1926年1月20日,吴佩孚通电讨伐冯玉祥,从两湖分三路进攻河南。

4月初,战火已燃烧到北京,段祺瑞企图逮捕国民军将领鹿钟麟等人。驱逐北京的国民军势力。国民军获得消息,便先发制人,4月10日包围了执政府,段祺瑞逃往东交民巷日本使馆。此时,国民军已处于四面包围之中,鹿钟麟为分化直奉联盟,恢复了曹锟的自由,电请吴佩孚入京主持大计。曹锟也派人转告吴佩孚,想出来再当总统。吴佩孚拒绝曹锟的要求,复电命张之江、鹿钟麟同时下野。4月15日张、鹿获电后率部自动退出北京,开往南口。国民军退出北京后,奉、直两系企图直接控制北京政权,不许段祺瑞继续执政,4月20口,段祺瑞宣布下台,逃往天津,北京临时执政府从此结束。

国民军退出北京后,被囚禁了一年半之久的曹锟又恢复了自由,并且居然又回到了总统府,一些部署和老亲旧友也络绎不绝地前来拜见。真是天有不测之风云,人有旦夕之祸福,曹锟身居总统府,自由自在,囚禁自己的冯玉祥等人被打跑了,看管自己的官兵也走了,段祺瑞的执政府也垮台了,吴佩孚东山再起,直系与奉系也化敌为友了,对北京政府又重有发言权了,被囚时门庭冷落的景象不见了,一些部属们又纷纷回到自己身边了。所有这一切,使曹锟在感慨之余又多了几分温馨,不禁又萌发了复位之心。

北京善后会议开幕

曹锟入主新华宫一年多,虽然亲身领略了总统难当的酸甜苦辣,并且落得了阶下囚的悲惨下场。但是,总统的主体方面仍是至高无上的权势,曹锟经历了失去权势的一番痛苦之后，更加懂得了总统职位之重要，他认为，政变已成过去，政局大体复旧如初，自己未曾正式通电辞职，继续履行总统职务理所应当。吴佩孚是自己部下和兄弟，绝不会有何异议，只要张作霖不从中作梗，复职就大有希望。于是，曹锟身边的人便四出活动。

曹锟起初担心张作霖反对自己复职，然而张作霖却态度友善，表示拥护他复任总统。但是事实是张作霖对总统一职早已垂涎三尺，他的真实意图是，不妨先让曹锟复位，以曹作为过渡，再以自己的实力取得总统职位。

曹锟错把张作霖的诡计当真心，以为张作霖不反对便复职有望了，于是就向各省发出通电，说是冯军已撤出京畿，北京安静如常，意在希望各地拥护他恢复总统职位。但是，电报发出后如同石沉大海，并没有得到各方的反应，经研究和探询得知，原来不少人都在观望吴佩孚的态度。今非昔比，吴佩孚并不支持曹锟复位，吴佩孚不支持曹锟复位的原因，是不愿自己的头上再戴顶帽子，让曹锟再成为自己的顶头上司。

到这时，曹锟才知道复职已经无望，只是重温了一场总统旧梦而已。吴佩孚为了给颜惠庆内阁复职后摄政提供法律依据，代曹锟草了辞职通电，5月1日，曹锟照原样发出，声称“因病辞职”。曹锟复位的梦想化为泡影，再待在总统府已毫无意义，也没什么意思了，补行辞职通电发出后，即迁出了延庆楼，移居到羊市大街。

6月6日上午，曹锟乘特别快车由北京出发，吴佩孚则专程到高碑店迎候。当列车在高碑店车站停下，曹锟出现在车门口时，吴佩孚急忙上前行谒见元首之礼，紧握曹锟的双手说：“三爷，都是子玉无能，这些天让您受惊了！”曹锟面对此情此景，悲喜交集，感慨万分，心中所存对吴的不悦已烟消云散，握着吴的双手，一句话也没说，千言万语尽在无言中。下午，列车抵达保定，曹锟一下火车，军乐队就奏响了迎宾曲，驻保定的大小将领列队恭迎，向从队前走过的曹锟敬致军礼。如此隆重的场面，曹锟已经好久不见了，保定是他多年驻扎之处，如今又重归故地，激动，感慨，又一齐涌上心头，差一点老泪夺眶而出。曹锟到保定后，就在他的光园别墅里长期地住了下来。

第二十六章　津门寓公

1926年7月6日，广东国民革命军誓师北伐，直指湖南。7月11日，已攻克长沙，随即向湖北推进。吴佩孚急忙率数万精锐于8月22日乘车兼程南下，25日在汉口召开紧急会议，准备固守汀泗桥和贺胜桥等战略要冲。汀泗桥位于咸宁以南，东面为山岭，其他三面环水，地势险要。吴佩孚企图凭借天险顽抗，等待北方大部援军开到，再进行全力反攻。他亲临前线，往返指挥，还派出八个大刀队督阵。但北伐军第4军英勇善战，经两昼夜血战，于8月27日夺取了汀泗桥。吴佩孚仍想固守贺胜桥，亲乘装甲火车在桥北督战，仍派出大刀队督阵，但很快也被北伐军攻破防线。吴佩孚只得退回汉口。不久，北伐军兵临城下，吴佩孚的部将刘佐龙率部起义，武汉三镇相继失守，吴佩孚只好率残部败退河南。此时，吴佩孚结拜兄弟张作霖不但见死不救，而且派兵占领了直隶全境，阻止吴佩孚进入直鲁地区。吴佩孚东面、北面无去路，又处在南面北伐军和西面冯玉祥军（改称国民革命军）的夹击之中，虽然尚号称有20万之众，但将士已无斗志，纷纷瓦解。

此时，曹锟也到了郑州。据说曹锟曾企图在吴佩孚到郑州车站迎接他时将吴杀掉，自为主帅，布告天下，但终因感到力不从心而放弃计划。这不太可信。实际上是曹锟到郑州后，面对残局，在吴佩孚及其将领中间做了一番团结工作。但是曹锟的苦心并未换得直系的精诚团结，吴佩孚的反攻武汉计划也一再落空，而张作霖又以“援助”为名派兵南下，向河南进军，于1927年2月占领开封，威逼郑州。3月中旬，吴佩孚离开郑州逃走。曹锟失去了依靠，在奉军进占开封前夕，便由陇海路转津浦路到了天津。

曹锟在天津定居下来，总统已成过去，军政大事无可过问，成了一介平民，作了津门寓公。曹锟回到天津时已经65岁了。因宦海浮沉，心情郁闷，身体状况亦每况愈下。眼下，他心里有的只是恨。他恨有名无实的北洋政府，他恨吃饱不认大铁勺的冯玉祥。他也恨自个儿稀里糊涂地在军界、政界里挣扎了这么多年，到头来还是一个白丁。

曹锟先后娶了四位太太，依次为郑夫人、高夫人、陈夫人（陈寒蕊）、刘夫人（刘凤玮）。因第二个太太高夫人早逝，所以，曹锟到津后的头两年，便和他的三位太太和子女们在一起生活，居住在英租界19号公馆。卸却纷繁的国事，曹锟开始领略到什么是无官一身轻了，和家人集聚一起，尽其夫妻之恬静，享其天伦之乐，家有钱财，生活充裕，门前有勤务兵，身边有侍从、秘书和勤杂人员，倒也怡然自得，悠闲自在。

国事有国事的难处、家事有家事的烦恼，曹锟摆脱了国事的缠绕，在家里刚过几天安稳日子，家事又把他搞得心里烦闷。

北洋军阀直系首领曹锟的旧宅

首先是夫人之间的争吵，曹锟的正室郑夫人出身富贵之家，知书达理，但相貌一般，又一直没有生育，曹锟对她一直不很喜欢，故在争宠争财方面不占主要位置，她也自知在年龄上和容貌上不能与其他两位夫人相比，基本上保持着与世无争的态度。曹锟夫人之间的争吵，主要是陈夫人和刘夫人之争。陈夫人脾气古怪，刘夫人性情刚烈，二人不仅因争宠争财不睦，陈夫人还因一些小事经常和刘夫人吵架。刘夫人不堪在这样的环境里生活，便不顾曹锟的劝阻，带着女儿曹士英、儿子曹士嵩和家人离开了这个大家庭，移居到英租界洛阳道泉山里，曹锟的大家庭走向分裂。

曹锟的钱财多被其兄弟及养子曹少珊骗取。曹锟在长子曹士岳出生前，曾把曹锐的独子曹士藻过继过来为子，依曹锟字仲珊，取名为曹少珊。当陈夫人生了曹士岳后，曹少珊又回到了曹锐身边。因此，陈氏夫人对他颇为冷漠。原配郑氏为人宽厚，视他房儿女若己出，倒也不十分计较。但曹锟的家产大权仍在他的手中，曹少珊骄横跋扈，独断专行，引起曹锟夫人们和子女们的不满，当夫人和孩子们向曹锟告状时，曹锟左右为难，不好处理。曹锟对曹少珊的专横虽也愤慨，但他曾是自己的养子，而且自己的四弟曹锐已死，就留下他这个独苗苗，身为伯父，理应关照，对他不能过于苛刻。但是，曹锟又不忍心自己的妻子儿女受委屈，任凭曹少珊如此下去。如何排解这种家庭矛盾，曹锟想不出良策，心里总是沉甸甸的，像是压了一块石头。

曹锟旧宅

曹锟心情不好，1928 年他在郁郁寡欢中给四夫人刘凤玮写了一封信，信中说："曹少珊的心肝坏了，小庆（曹少珊乳名）不管我，郑氏不管事，陈夫人也不管我，我已年老多病，伙食标准一天比一天降低了。他们也不管我，我可能不久于人世了，对士英和士嵩我管得少，很觉得对不住你，你要照顾好他们。"刘夫人见曹锟信中写得如此悲凉，加之母亲和姐姐多次相劝，终念彼此的夫妻之情，便把曹锟接到泉山里和自己及孩子们住在一起，并延请中医给他诊脉调治，自己终日在床边守候，悉心照料，曹锟的病一日好似一日，心情便也宽慰了许多，回首往事，不禁感慨万端。有时，他听到街上传来卖鸟的吆喝声，便命家人把鸟悉数买下，然后打开鸟笼，充满爱怜地注视着鸟儿们争相展翅飞向蓝天，自己则良久注视着渐飞渐远的鸟儿们，默默无语。

曹锟来到泉山里后，心情比较舒畅，生活颇有条理。打拳、练字、画画、聊天、悠闲有序。有时亲朋好友来访，又可欢宴畅谈一番。曹锟当年的部下也没有忘记“老帅”，宋哲元、高凌霨、齐燮元、赵玉科、靳云鹏、蔡虎臣、熊炳琦、吴秋舫、杨钦山、杜锡钧等人也常来曹家做客。吴佩孚因自己曾宣布过绝不踏进外国人租界，不便前来造访，因此时常派人前来探望，每逢年节，曹锟也派子女去北京探望吴佩孚。

天津法国租界大马路

每逢天热的傍晚，曹锟有时还带着小板凳悄悄出门，和周围的居民坐在一起闲聊，住在附近的不少穷邻居吃罢晚饭便会聚过来，坐在小板凳上，边喝茶，边聊天，有拉洋车的，有卖菜的，有卖大碗茶的，还有店铺里的伙计。大伙谈年景，唠行市，聊政局，无拘无束，无所不谈，和这些贫苦市民们在一起，他才真正明白了什么是老百姓，自己仿佛也是个老百姓。此时的曹锟真正尝到了无官一身轻和置身淳朴百姓之中的快乐。曹锟出门闲聊，不带侍从，好长时间居民们不明他的身份。一天傍晚，曹锟又像往常一样出去乘凉聊天，他光着膀子，拿着大蒲扇，和穷苦居民们一起谈天说地。大家东一句西一句，想起什么就谈什么，谈着谈着，话题就转到了民国总统的艳事上来，诸如袁世凯十度洞房花烛夜、冯国璋误中美人计，等等。接着，就谈到了曹锟，其中一位洋车夫大发牢骚：“老子一天到晚跑断了腿，还挣不到一块大

洋，他妈的曹锟哪来那么多钱买总统当，还不是榨咱们穷人的血汗钱！"曹锟往日谈起政局，比别人知道得多，谈的也多，有时会滔滔不绝，现在见别人揭他贿买总统的短处，他便一声不响，拿起小板凳准备离开。这时，一个侍从因家里来客到各处找他，发现他在这里，就说："曹大总统，你怎么到这种地方来了，找得我好苦啊。"一句话暴露了曹锟的身份，旁边的贫苦市民们惊讶地说："您就是曹大总统？"他们从未想到经常和他们一起闲聊的这个胖老爷子竟是曹锟。曹锟暴露了身份，现在虽然不是总统了，但也和一般穷苦老百姓有所不同，以后就不便出来和这些贫苦市民谈唠了。

曹锟和刘夫人在一起，生活得比较平静、舒畅，但是依然摆脱不了家事的烦恼，问题还是来自夫人之间的争斗。

曹锟来到刘夫人这里后，家中钱财都由刘夫人掌管。刘夫人生活比较奢华，吃穿自不必说，就是玩起来也不惜花钱。一天，刘夫人高兴，和丫环换了装束，跑到一个人称"无非子"卦封摊前去相面。刘夫人指着换了装的丫环说："这是我家小姐，请给她算算，今年有无好运。"这种换装术逃不过江湖术士的眼睛，"无非子"从两个人的举止、气质等方面已经识破了她们的真正关系，却假装不知，摆出一副认真的样子说："小姐的命不太尊贵，算了，我不收你的钱，跟你直说吧，你不仅今年没有好运，来年也难遇到好运。你的命里没有富贵，而且还有沦为下人的可能。"刘夫人一听，瞪起双眼，厉声说："你这江湖骗子，有眼无珠，竟敢对我家小姐一派胡言。""无非子"故作惊异，对刘夫人说："哎呀，这丫环倒是大福大贵之相，今生恐怕要做一品夫人。"说得刘夫人心花怒放，满脸喜悦，一甩手，就给了"无非子"100块大洋。不久，曹锟的夫人100块大洋相一次面的新闻就在天津传开了。

陈夫人对刘夫人接走曹锟，尤其对刘夫人掌管钱财非常不满，她认为曹锟一旦去世，家财的大部分会落到刘夫人手里，所以，应该在曹锟在世时弄一笔钱出来。陈夫人抓住刘夫人相面一事为由，亲自到泉山里去评理争财。陈、刘二人向来不和，积怨已深，一见面没说上几句，就吵了起来。恰好这天曹锟外出访友，别人也劝阻不了，最后，陈夫人带伤而归。

陈夫人钱未争到，反倒负伤，羞愧难当，决意报复。她买通英租界工部局一些职员和巡捕，雇了一批流氓打手，又以万元重金聘美国流氓律师为法律顾问，准备再次动武。刘夫人闻讯，则针锋相对，买通了英租界工部局另一些职员和巡捕，也雇了一批流氓打手在住宅周围警戒巡逻，严阵以待。双方相持数日，各自花掉大笔钱财，京津一带的小报接连刊出报道，闹得满城风雨，成为人们街谈巷议的有趣话题。这对曹锟及曹氏家族来说，无疑是有失体面的一大丑闻，对曹锟是一重大刺激。

曹锟家事的另一大烦恼，是其长子曹士岳的婚变。此事发生在曹锟的晚年，使其在精神上遭到难以承受的刺激。

1937 年抗战爆发后，经一位北洋派元老撮合，曹锟的长子曹士岳与袁世凯的第十四女袁祜贞成婚，可是，好景不长，婚后四个多月便感情淡漠。1938 年初，二人因琐事争吵，互不相让，袁祜贞往娘家打电话求援，曹士岳情急之中开枪打伤了袁的右膀。袁祜贞因伤住院后，曹士岳在袁家控告下被租界当局拘留。于是，两位前总统的儿女婚变并诉诸法庭一事，被天津大小报纸当作趣闻争相报导。

曹锟没想到曹士岳夫妻关系破裂，更没想到自己的儿子会遭此大祸，事情发生后，确是又痛心又着急。他又感到，自己在袁世凯属下多年，袁有恩于自己，袁女却被自己的儿子打伤，实在对不起提拔自己的老上司，自己百年之后也将无颜见袁于地下。为此，他想尽快平息这一婚变案，派侄儿曹士杰的妻子拿了 3000 块大洋前往医院探望，又请北洋政府两位前总长到袁家疏通、调解。

这时，袁世凯的长子袁克定执掌袁家大权，他平日与曹锟交谊甚厚，见曹锟极力和解，再坚持控告似乎不近人情，便表示愿意和平解决。但是，袁祜贞的生母八姨太郭氏却认为曹士岳视其孤儿寡母为软弱可欺，才敢开枪伤人，坚持要和曹家把官司打到底，弄得袁克定也不便坚持己见。最后，还是袁祜贞提出了意见，解除婚姻关系，并取得一定赔偿就可以了，否则诉诸法庭，与袁曹两家的面子都不好看。于是，袁家撤销了诉讼，双方签订了离婚协议，解除了婚姻关系，曹家赔偿医药费及其他费用共 6.3 万元，退还结婚时袁家的所有陪嫁财物。轰动津门的曹袁婚变案就这样“私了”了。

此案虽然圆满和解，但对曹锟这个年逾古稀的老人来说，精神上和心理上的刺激着实是不轻的，每当想起或别人提起此事，总觉得对不住死去的袁世凯，一种愧疚之感不时袭扰着他，心里依旧是沉甸甸的。

袁祜贞离婚后到美国纽约定居。其丈夫是联合国官员。2005 年底，袁祜祯去世，享年 90 岁。

第二十七章　华胄忠良

曹锟息影津门后，中国政局发生了一系列变化。南方的北伐军胜利进军，在打败吴佩孚后又消灭了孙传芳的主力。1927 年蒋介石、汪精卫先后发动政变，国共分家。中国共产党单独领导革命，在搞"工农武装割据"，井冈山的星星之火发展成燎原之势，国民党由宁汉对立到合流，以南京为中心建立了独裁政权，国民党新军阀蒋介石、冯玉祥、阎锡山、李宗仁四大派联合发动了对张作霖的第二次"北伐"。1928 年 6 月张作霖退回关外，被炸身死，国民党进占京津，同年 12 月张学良在东北改旗易帜，国民党在形式上实现了全国统一。对于这一切，曹锟基本上不闻不问，漠不关心，只是藏身租界里，做自己的寓公，安度自己的晚年。

曹锟虽然出身低微，但他却是个粗中有细的聪明人，做了巡阅使以后，有钱有闲，便好做些附庸风雅之事。他好画梅花，善写"一笔虎"，晚年自署"渤叟"，还烦人给他刻了个"乐寿老人"的闲章。为了表白自己，还刻有"一点梅花天地心"，"万代一如"等闲章，其中晚年一枚闲章竟刻的是"弱冠从戎，服劳国家四十年归田，七十以后怡情翰墨之作"。今天，曹锟的翰墨也是收藏家们追捧的对象。

曹锟下野后的私宅在天津英租界，今名南海路(另一面临洛阳道)，离徐世昌的宅邸也就 5 分钟的路程，是一座砖混结构的三层小楼。在那个时代，这一带无论上午还是下午，除了经常能见到外国巡捕和静静驶过的小汽车之外，几乎见不到行人。曹锟来天津隐居时，他有两个夫人在天津租界地住，起先他与三夫人住在一起，时间不长，就搬到四夫人刘凤玮这里，直到去世。

曹锟的这座宅邸，腰线采用立柱造型，并且顶层出檐，所以沉稳中渗透着气势。

曹锟的政治名声不太好，仅"贿选"二字，便打了许多折扣。再加上下野后初到天津时，他的两个夫人因争宠争财而大打出手，双方雇用了许多流氓打架，后来又发展成巡捕持枪对峙，直闹得英租界一片硝烟。一段时间里，大报小报都是曹锟家里械斗的消息。

但曹锟却在自己的人生终结之时，高风亮节了一次，而且极为感人。如此的人生句号，应该说曹锟画得相当圆满。

1931 年日本发动“九一八事变”后对中国的步步侵略，引起了曹锟的极大关注。日本继“九一八事变”，在东北建立伪满洲国后，1932 年又向关内扩张，占热河，越长城；1935 年又制造“华北事变”，企图建立第二个伪满洲国；1937 年制造卢沟桥事变，发动了全面侵华战争。日军在占领了华北、华中大片国土后，采取“以华治华”策略，搜罗汉奸，急于在各沦陷区成立“治安维持会”，一些趋炎附势的无耻之徒为虎作伥，成了不齿于人类的汉奸走狗。1937 年 12 月在北平成立了以王克敏为头子的华北伪政权“临时政府”，1938 年 3 月在南京成立了以梁鸿志为头子的华中伪政权“维新政府”。日本为了把这两个伪政权及其他的汉奸组织合并为一个统一的亲日的伪“中央政府”，极力寻找一个有“资望”的人充当首脑，才能与蒋介石国民政府抗衡。于是，便在北洋时期出任过总统、总理及其他有影响的人当中物色人选，曹锟就是重要的对象之一。

于是早年这条当时叫做达达克拉道的街上出现了许多高级轿车，日本特务头子土肥原贤二亲自策划对曹锟的诱降工作。他首先派出几个日本军政要人身着便装，悄悄来到天津英租界，直接到泉山里曹宅造访，曹锟出于礼貌接待了他们。几个日本人认为曹锟退出政坛多年，能有机会重新理政，一定会乐于应允的，因此，谈话一开始就直接提出，邀请有资历、有人望、能与蒋介石抗衡的曹大总统出山，建立一个以曹锟为中心的新政府。曹锟在军政两界当权时倾向英美，对日本人素无好感，再加上“九一八事变”，日本的侵略行径及其给中国民众带来的灾难，使曹锟增添了一层对日本的愤恨。这次，见日本人公开登门诱降，便更加气愤，于是打断了日本人的话，指着他们历数了日军在东三省和华北所犯下的罪行，最后坚定而明确地表示：“就是每天喝粥，我也不会去为你们日本人办事！”日本人走后，曹锟又告诫刘夫人和一双儿女，中国人一定要保持民族气节。

土肥原接着又利用已做汉奸的曹锟的旧部前来劝降。直系大将、原江苏督军和苏皖赣巡阅使齐燮元，“七七”事变后即卖身投敌出任伪军政职务，任“华北临时政府”的治安部总长、北京治安督办。一天晚上，齐燮元趁着夜深人静，到曹宅叩门求见，曹锟知道他已经投敌，便叮嘱门房老胡不要开门。

齐在门外叩门许久不见开门，气得在门外用拐杖使劲敲门，边敲边大喊："你知道我是谁吗？"老胡在门里嘲笑着说："知道，你不是那齐三爷吗？可是总统确实有病住院了，夫人和孩子都睡了。"齐燮元知道曹锟就在家中，是有意闭门不见，可也没有办法，就气恼地走了，以后也没脸再登曹家的门了。

接着当了伪河北省省长的高凌霨又奉日寇之命来访，当时曹锟正躺在炕上抽大烟，一见高凌霨，脸色陡变，勃然大怒，把烟枪往地上一摔，大声吼道："你给我滚出去，以后不许你登曹家的门！"见老长官如此震怒，高凌霨吓得浑身哆嗦，一个字也说不出，被几个侍从架着慌忙溜走，从此，再也不敢露面。

日本人并不死心，三天两头地来请曹锟出山："只要你肯出面，什么话都好说。不用你开价，高官厚禄等着你哪！"您猜猜曹锟怎么说？

"甭啦，还是算了吧！我吃不愁花不愁，又是这么一把子年纪了，犯不上再挨国人的第二次骂喽！"

他不肯赏脸，日本人也不善罢甘休，两天不到，三天头上准是早早地来到他家，横竖一句话，请他出山。

说来曹锟也拧，不管日本人怎么说，他同样还是横竖一句话："不能二次再挨国人的骂！"

在曹宅前出现过许多日伪大人物，包括日本华北方面军特务部少将部长喜多诚一等，无不铩羽而归。

日本人物色了几个北洋时期的重量级人物徐世昌、曹锟、吴佩孚等，都没有诱降成功。他们几位拒绝与日本侵略者"合作"，在民族大义面前，其晚节不亏，殊堪嘉许。后来，汪精卫投敌叛国，才在南京成立了的"国民政府"。

曹锟晚年坚决拒绝与日本人"合作"，与四夫人刘凤玮有直接关系。刘凤玮是天津郊区人，家世贫寒，从小学戏，专攻老生，艺名"九岁红"，曾轰动京津。曹锟看上刘凤玮后，几次派人说媒，最后明媒正娶，成了曹锟最宠爱的四夫人。刘凤玮虽然文化程度不高，但心地善良，聪明好强，关心民生疾苦，痛恨日寇暴行，有很强的民族自尊心，她坚决不向日本人妥协的态度对曹锟无疑是极大的支持。一次日本人在门外求见，刘夫人拦住曹锟，不让曹锟接见，并冲着门外指桑骂槐，高声叫骂。日本人讨了个没趣，灰头土脸地走了。

曹锟坚决不与日本人合作，不充当伪政权首脑，保持了民族气节，同时，又时刻关注抗战的进展。1938 年 4 月 8 日，他的女儿曹士英像往常一样给他读当天的《大公报》。当他听到中国军队取得台儿庄大捷的报道时，高兴得从躺椅上一跃而起，大声嚷道："我就不相信，咱们还打不过那小日本！"兴奋得叫儿女把这条消息连念三遍。

1938 年 5 月，正是春夏交替的季节。一天，曹锟听女儿读的报上说，日本人从台儿庄败退后，又调集大批军队，形成了对徐州的包围。曹锟见日本人继续进攻，扩大侵略战争，气得站起来大骂了一通。骂完之后，由于心里焦躁，加之天气有些闷热，曹锟去洗了个凉水澡。当天晚饭后，曹锟感到身体不适，刘夫人派人请来医生，经诊断是洗澡着凉患了感冒。感冒本是一般的常见病，对于身体强壮的青年人来说，吃些药休息几天就会好的。可是，曹锟已经 70 多岁，原本身体就很虚弱，吃些治感冒药，休息了好几天，病情并不见好转，反而进一步发展为肺炎。5 月 16 日，当刘夫人请来名医时，曹锟已经病势垂危，医生也束手无策了。曹锟在弥留之际，握住女儿曹士英的手说："台儿庄大胜之后，希望国军能乘势恢复失土，余虽不能见，亦可瞑目。"说完，便溘然长逝，享年 77 岁。

第二天，《大公报》、《盛京时报》等大小报纸都刊登了曹锟因患肺炎于 5 月 16 日下午 1 时在天津泉山里寓所病故的消息。6 月 14 日，重庆国民政府鉴于曹锟在沦陷区忠贞不屈，大义凛然，特发布两道训令。第一道训令追赠曹锟为陆军一级上将，第二道训令说："故陆军上将曹锟息影津沽，抱道自重。比岁以来，值寇势之方张，遭奸佞之叵测，威胁利诱，逼迫纷乘，而该上将正气凛然，始终峻拒，不挠不屈，通国具瞻，且于疾革弥留之际，拳拳以抗战胜利为念，忠诚纯笃，志节昭然，尤见军人之风范，足垂奕祀……特先颁赠'华胄忠良'匾额一方，一俟寇氛靖平，再议饰终令典，凡其旧日僚属，能断志励操矢忠报国者，并当一体宏奖，优予登用，藉示眷念忠贞淑浊扬清之至意。"

曹锟和吴佩孚在军界政界共事 20 多年，曹是吴的上司，吴是曹的臂膀，二人同为冯国璋之后的直系领袖，虽然也有矛盾和感情上的不愉快，但是总体上还是互为依存的挚友，关系之深，非他人可比。自 1927 年郑州一别，二人已有 10 多年未得一见，曹在天津，1932 年以后吴一直住在北平，由于吴佩孚恪守不借外债、不进租界、不纳妾的"三不"原则，平津之间虽然相距不远，吴却一直未登曹在英租界的家。然而，吴对曹的情谊依然不减，经常派子女前去探望，当吴得知曹病逝的消息时，把正在书写的毛笔一下扔在地上，大声喊道："三爷，子玉还念着来看您的，您怎么就走了呢？"吴佩孚不会想到，

曹锟"走了"一年半以后,他自己也"走了"。

不久,吴佩孚为逝去的大帅效了最后一次力——主持了曹锟后人的分家。据说曹锟有子曹士嵩,在家排行第十三,大家都习惯称其为"曹十三";父亲逝世后,可没人管他了,他终日狂嫖滥赌,是个有名的败家子。曹十三的姐姐担心弟弟迟早有一天会把所有家产败光,便决定跟他分产,并特别请吴佩孚以父执辈的身份做主见证。于是,吴佩孚把姐弟俩找来,主张男女平等,所有家产都平分。分到后来,还有一支翡翠头簪,吴佩孚以为这种女人首饰,男人用不着,就教曹十三给他姐姐算了。然而曹十三一听马上回说:"既是男女平等,就一人一半吧!"说完当场将翠簪折为两段,交一截给他姐姐。吴佩孚见状,气得拍桌怒斥:"你这小子太混账了!"立刻命人把他赶出去。

1938 年 6 月 16 日,曹锟灵柩出殡,各界团体的挽联、花圈等布满曹宅,重庆国民政府、伪政府和日本方面均派人前来致祭,吴佩孚派夫人张佩兰前来吊丧,他自己披孝在北平遥祭。曹锟遗体着总统服装,口含珍珠,身旁放有一个赤金的九连环和随身佩戴多年的宝剑,身下有绣带,上缀洋钱等物。灵车从曹宅启动,曹锟的亲属手执灵车两旁两条白色绸带,家眷、旧部、亲朋好友数百人戴孝护送,沿途有数千人观殡,灵柩安放于天津英国公墓。

从浪荡游子到青年布贩子,从普通士兵到领兵"大帅",从一派首领到民国总统,从津门寓公到一级上将,曹锟走完了 77 年人生之路,或功或过,或褒或贬,给后世的人们留下了无尽的感慨。